Thaddäus Troll · Romantik in Europa

Thaddäus Troll
Romantik in Europa

93 großformatige Farbbilder

Stürtz Verlag Würzburg

© 1976 Stürtz Verlag, Würzburg
Nachdruck verboten. Alle Rechte vorbehalten.
Printed in Germany
Übersetzung ins Englische: Gilbert Langley
Übersetzung ins Französische: Nicole und
Prof. Wolfgang Fischer
Reproduktionen: Reproduktionsanstalt Hetzner,
Nürnberg
Bildredaktion: Wiedfeld & Mehl, Ansbach
Satz und Druck: Universitätsdruckerei H. Stürtz AG,
Würzburg, 1976
Papier: 170 g/qm BVS mit Stern der Papierfabrik
Scheufelen, Lenningen, und 150 g/qm Flora-Color
Einbandarbeiten: Großbuchbinderei Sigloch,
Künzelsau–Stuttgart
ISBN 3 8003 0094 X

Heimat Europa

Homeland Europe · La patrie Europe

Wenn mein Urgroßvater in seiner Jugend die Heimat mit dem schnellsten öffentlichen Verkehrsmittel durchqueren wollte, brauchte er ungefähr so lange, wie ich heute brauche, um ganz Europa zu durchmessen: von Porto nach Perm, von Hammerfest nach Heraklion, jener Stadt auf Kreta, welche die Heimat des europäischen Mythos ist. In einer Höhle am Ida ist der Göttervater Zeus aufgewachsen, geschützt vor dem gierigen Blick seines Vaters Kronos, der seine Kinder zu fressen pflegte. Nach Kreta entführte er in Gestalt eines zahmen weißen Stiers die am Strand spielende phönikische Königstochter Europa, die unserem Kontinent den Namen gab. Ihr ältester Sohn war der Kreterkönig Minos, dem wiederum ein Stier zum Schicksal wurde. Zu diesem von Poseidon aus dem Meer gesandt, faßte seine Frau eine sodomitische Leidenschaft. Von ihm gebar sie das Ungeheuer des Minotaurus, halb Mensch, halb Stier, das im Labyrinth von Knossos lebte und Menschen fraß. Hier blühte schon Jahrhunderte vor Christus die minoische Kultur, zu deren verfeinerter Symbolwelt der Stier gehört, in Kleinplastiken tausendfach dargestellt.

Europa war die Geliebte des Göttervaters Zeus, Kannibale und Schürzenjäger, Sinnbild der geistigen und physischen Potenz, der wiederum seine erste schwangere Frau verschlang und dann den Kontinent Europa mit Göttern, Halbgöttern und Helden bevölkerte.

When my great grandfather was a young boy and wanted to cross his homeland with the fastest public transport available he needed about as long as I would need today to travel across the whole of Europe: from Porto to Perm, from Hammerfest to Herakleion, the Cretan town that is the home of the European myth. Zeus, the Father of the Gods, grew up in a cave on the Ida (now Psiloriti), well-protected from the greedy glance of his father, Kronos, who was in the habit of eating his children. In the guise of a gentle white bull, Zeus abducted the Phoenician princess, Europa, (whose name was given to our continent) while playing on the beach, to Crete. Their eldest son was the Cretan king, Minos, and once more it was a bull that was to determine his fate. His wife was seized by a sodomistic passion for the beast Poseidon sent from the sea. She bore him the monster Minotaur, that half-man and half-bull that lived in the labyrinth of Knossus and devoured human beings. It was here that the Minoan culture flowered, centuries before Christ, the bull being part of their perfected world of symbols and represented in thousands of small sculptures.

Europa was the object of godfather Zeus' affections; Zeus, cannibal and womaniser, symbol of intellectual and physical power, who in his turn devoured his first wife, while pregnant, and then peopled the continent of Europe with gods, demigods, and heroes.

Lorsque mon arrière-grand-père, dans sa jeunesse, empruntait les moyens de locomotion les plus rapides pour traverser son pays, il y mettait le même temps que moi, pour arpenter l'Europe: de Porto à Perm, de Hammerfest à Héraclion, cette ville de Crète, qui est le berceau de la mythologie européenne. Zeus, le père des dieux, a grandi dans une caverne de l'Ida, loin du regard envieux de son père Kronos, qui avait pour habitude de dévorer ses enfants. Métamorphosé en taureau blanc, il enleva vers la Crète la princesse phénicienne Europe qui donna son nom à notre continent. Son fils aîné était Minos, roi de Crète, dont la destinée fut aussi marquée par un taureau, que Poseidon avait fait sortir de la mer. La femme de Minos fut prise pour lui d'une passion sodomite, et elle enfanta du monstre Minotaure, moitié homme, moitié taureau, qui vivait dans le labyrinthe de Knossos et dévorait des êtres humains. C'est ici que, bien des siècles avant Jésus-Christ, la culture minoenne fleurissait déjà; un des éléments de son monde symbolique raffiné est le taureau, représenté par des milliers de statuettes.

Europe était l'amante du père des dieux, Zeus, cannibale et coureur de jupons, symbole de la force de l'esprit et du corps, qui engloutit sa première femme, alors qu'elle était enceinte et qui peupla ensuite le continent Europe de dieux, de demi-dieux et de héros.

Lorsque, écolier, je regardais l'Europe sur une carte, elle m'apparaissait comme un appendi-

Wenn ich mir als Schulbub Europa auf der Karte betrachtete, so erschien mir unser Erdteil als unselbständiges Anhängsel am Leibe Asiens. Vermochte mein Blick endlich unseren Erdteil zu verselbständigen, so sah ich ihn auf der Karte als Frau, besser gesagt als Weib, das rüstig ausschreitet. Der kleine Kopf die Iberische Halbinsel. Hals und Rumpf Frankreich. England und Irland flattern der Eiligen wie ein Halstuch im Winde hinterher. Aus dem Rumpf wächst Italien als ein verkrüppelter Arm, über den ein Stiefel gestülpt ist, der Sizilien vor sich hinkickt. Während der Rücken in der Pommerschen Bucht den Ansatz einer Taille zeigt, geht das Weib mit dem hochgerutschten Balkan schwanger, aus dem sich fast obszön hermaphroditisch Griechenland herauswölbt. Den weiten Rock bildet Rußland, den Rocksaum der Ural, der Fuß Kaukasus greift mächtig aus und gibt der Türkei einen Tritt. Das Hündchen Skandinavien springt an Frau Europa hoch, als ob es versuche, den Schürzenbändel Dänemark abzubeißen.

Mein Urgroßvater, der Albbauer Buck, wohnte dort, wo's Dörflein traut zu Ende geht, wo die Lerche schlug, das Bächlein rauschte und ein Lüftlein den Lindenbaum regte. Für ihn war Europa unermeßlich. Wäre er nicht Soldat gewesen, er hätte kaum das Ländle zwischen Friedrichshafen und Tauberbischofsheim, Pforzheim und Ulm kennengelernt, über das ein fetter, despotischer, mit einem Stall-

When I looked at the map of Europe as a schoolboy our area of the world seemed to me to be a hanger-on on Asia's belly. When I was at last able to focus my eyes it appeared to be a woman vigorously striding out. The small head the Iberian Peninsula. Throat and body France. England and Ireland fluttering hastily after it like a scarf in the wind. Italy growing out from the body like a crippled arm on which a boot has been clapped and kicking Sicily in front of it. Whereas the back in the form of the Pomeranian Bay shows the beginning of a waist, our woman is pregnant with the Balkans wherefrom hermaphroditic Greece arches out. The flowing skirt is formed by Russia, the seam by the Ural Mountains, whereas the Caucasian foot steps out mightily giving Turkey a kick. Scandinavia, the little dog, jumps up at Lady Europa as if trying to bite off the danish apron ribbon.

My great-grandfather, Alb farmer Buck, lived where the snug village ends and the lark warbles, the brook gurgles and a breeze stirs the linden. Europe was for him quite immeasurable. Had he not been a soldier he would hardly have come to know the country between Friedrichshafen and Tauberbischofsheim, Pforzheim and Ulm, where a corpulent, despotic king, allied with a groom, ruled his homeland. His homeland was not even as big as the nipple of Lady Europa. In Tauberbischofsheim he fought against my wife's

ce du corps de l'Asie. Quand je fixais, enfin, uniquement mon attention sur notre continent, je voyais se détacher sur la carte la silhouette robuste d'une femme. La petite tête, c'est la péninsule ibérique. Le cou et le tronc: la France. L'Angleterre et l'Irlande la suivent, dans sa course, comme un foulard claquant au vent. Du tronc surgit un bras truqué, l'Italie, coiffé d'une botte qui joue avec le ballon de la Sicile. Tandis que son dos esquisse l'embryon d'une taille, la baie de Poméranie, la femme porte haut son ventre, enceinte du Balkan, enflée de la Grèce comme d'une forme hermaphrodite presque obscène. La Russie est habillée d'une large jupe dont l'ourlet est l'Oural. Son pied du Caucase dépasse largement et donne un coup à la Turquie. Le petit chien scandinave fait un bond, comme s'il essayait de mordre le cordon du tablier Danemark de Madame Europe.

Mon grand-père Buck, un paysan du Jura souabe, habitait tout au bout du village: on y entendait le chant des alouettes et le bruissement du ruisseau, et une légère brise animait le tilleul. L'Europe était pour lui incommensurable. N'avait-il pas été soldat, qu'il aurait à peine connu sa patrie, le «petit pays» entre Friedrichshafen et Tauberbischofsheim, Pforzheim et Ulm, que régentait un roi, gras et despotique avec un valet d'écurie qui était son éminence grise. Ce pays n'avait même pas la taille du tétin de la femme Europe. A Tauberbischofsheim il combattit l'arrière grand-père

knecht verbändelter König herrschte und das seine Heimat war. Dieses Heimatland war nicht einmal so groß wie die Brustwarze des Weibes Europa. Bei Tauberbischofsheim kämpfte er gegen den Urgroßvater meiner Frau und unterlag, womit ich nicht sagen will, daß meine Ehe die Fortsetzung dieser Schlacht mit anderen Mitteln sei. Mein anderer Urgroßvater, der Färbermeister Bayer, nannte seinen Hund Bismarck. Mein Großvater betrachtete Frankreich als Erbfeind, und wenn er bekümmert war, gab er vor, an Elsaß-Lothringen zu denken. Mein Vater erzählte mir, in seiner Jugend habe man ganz Europa ohne Paß nur mit dem Postausweis – der eine Vorform unseres Personalausweises war – bereisen können, wobei das goldene Zwanzig-markstück in allen Ländern anerkannte Währung gewesen sei. Als er später nach Frankreich geschickt wurde, gab man ihm statt eines Postausweises ein Gewehr mit. Verdun. Ich betrachte es heute noch als ein Wunder, daß ich 1941 vor Moskau nicht erfroren bin, verscharrt, von Panzerketten zermalmt wurde. Stalingrad. Europa, bedeckt mit den Narben der Schlachtfelder. Weib, das das Blut seiner Söhne soff. Heute eine Schicksalsgemeinschaft, von der es abhängt, ob und wann der selbstgemachte Welt-untergang stattfindet. Europa von einem Eisernen Gürtel durchschnitten, gefertigt von Hegel, Marx, made in Germany, gebraucht von Lenin und Stalin. Heimat Europa, Wiege

great-grandfather and was beaten, this does not mean to say that my marriage represents the continuation of this battle using other means. My other great-grandfather, master-dyer Bayer, called his dog Bismarck. My grandfather always used to think of France as his hereditary enemy and when distressed he pretended he was thinking of Alsace-Lorraine. My father told me one could travel throughout Europe without a passport armed only with a post-office identity card – an early form of our modern identity card – and the golden twenty Mark piece was recognised as legitimate currency everywhere.
When he was later sent to France they gave him a gun instead of his post-office identity card. Verdun. Even today it is a miracle to me that I didn't freeze to death on the thresh-hold of Moscow in 1941, to be buried and crushed by tank treads. Stalingrad. Europe covered with battlefield scars. O woman that drank the blood of her sons. Today it is a community-of-fate on whose shoulders it rests whether – and when – the selfmade end of the world will take place. Europe, cut through by an iron curtain, fashioned by Hegel. Marx, made in Germany, exploited by Lenin and Stalin. Motherland Europe, cradle of civilisa-tion. Europe, whose children set out to strike fear into the rest of the world, so long as they were not tearing each other apart, to subjugate America, Asia, Africa, Australia, to occupy, loot, depopulate, and colonize.

de ma femme et il fut battu. Ce qui ne veut pas dire que cette bataille se poursuive, avec d'autres moyens, dans notre ménage. Mon autre arrière grand-père, le maître teinturier Bayer, appela son chien Bismarck. Mon grand-père considérait la France comme une ennemie héréditaire, et lorsqu'il était sou-cieux, il prétendait penser à l'Alsace – Lorrai-ne. Mon père me racontait que, dans sa jeu-nesse, on pouvait voyager à travers toute l'Europe sans passeport, muni d'une carte de légitimation, qui était un précurseur de notre carte d'identité. A l'époque, la pièce d'or de 20 marks était une valeur reconnue dans tous les pays. Lorsque, plus tard, on l'expédia en France, on le munit d'un fusil au lieu d'une carte de légitimation. Verdun. Aujourd'hui encore, il me semble miraculeux de n'avoir pas, devant Moscou, péri par le froid, enfoui, broyé par les chenilles des chars. Stalingrad. L'Europe, couturée par les cicatrices des champs de bataille. Femme, qui s'enivrait du sang de ses fils. Aujourd'hui c'est une com-munauté liée par un même sort, dont dépend l'heure de l'apocalypse de sa propre création. L'Europe, coupée en deux par une ceinture de fer fabriquée par Hegel et Marx, made in Germany, utilisée par Lénine et Staline. La patrie Europe, berceau de la civilisation. L'Europe, dont les enfants s'en allèrent, quand ils ne s'entre-déchiquetaient pas, pour enseigner au monde le frisson de la peur, pour mettre sous le joug l'Amérique, l'Asie,

unserer Kultur. Europa, deren Kinder aus-
zogen, wenn sie sich nicht selbst zerfleischten,
um die Welt das Gruseln zu lehren, um
Amerika, Asien, Afrika, Australien zu unter-
jochen, zu besetzen, auszuplündern, zu ent-
völkern, zu kolonisieren. Grausame, trächtige
Heimat Europa.

Dort, wo's Dörflein traut zu Ende geht,
ist nichts Heimeliges mehr: ein Supermarkt,
daneben der Lagerplatz des Schrotthändlers,
zerbeultes Blech, die Ostereierfarben vom Rost
angenagt, eine Siedlung, die aussieht, als sei
es dem Dorf schlecht geworden, als habe es
auf die Felder hinaus gekotzt – sie verhindern
Landschaft, wo Landschaft war.

Verlorene Heimat. Für den Mann aber, der
im Haus meines Urgroßvaters wohnt, ist
Europa erreichbar geworden. Er fährt zur
Grünen Woche nach Berlin, macht mit dem
Gemeinderat eine Studienfahrt nach Jütland,
um die dortige Eberhaltung zu studieren,
und ist im Sommer ein Brocken im Fleisch-
salat an der Adria, im Herbst fliegt er nach
Las Palmas, da ist es richtig heimelig. Denn
über das stille Tal, in dem mein Großvater
weste, pfeift der Düsenjäger, im Wald kreischt
die Motorsäge, der Bagger rumpelt und
poltert, wo's Dörflein traut zu Ende geht,
murmelflüstert das Bächlein unhörbar, und
das Lüftlein vermag den Lichtmast, der sich
an Stelle der Linde erhebt, nicht zu rühren.
Und wenn der Krach zu laut ist, dann drückt
der Bauer unter der Teck auf den Knopf und

Terrible, pregnant motherland Europe.
There is nothing homely any more where the
snug village ends: a supermarket, the scrap
dealer's yard next door, damaged metal in
rust-eaten Easter egg colours, a housing estate
looking for all the world as if the village
was feeling unwell and had been ill on the
fields – it cuts off landscape where landscape
used to be.

Lost homeland. Europe is within easy reach
for the man now living in my great-grandfather's house. Off to Berlin for the Green
Week, undertaking a study trip to Jutland
with his town council to study the keeping
of boars, in summer a part of that human
salad on the Adriatic coast, in autumn jetting
to Las Palmas where it's nice and homely.
Over the still valley in which my grandfather
used to live the jet plane screams, the motor-
saws screech in the woods, the power shovel
rumbles and rattles where the snug village
ends, and the brook murmurs and mumbles
inaudibly, and the breeze is unable to disturb
the lamppole standing in the spot the linden
used to be. And when the noise is too loud the
farmer under Teck castle turns the knob and
Europe's Babylonian folk songs fill the living
room: io ti amo–je vous aime–I love you–ja
tü ljublju–te quiero–oléhélas–okayjoijoicaram-
badudelduljöh.

European homeland, tired of fighting, where,
thank goodness. today's battles take place in
soccer stadiums: Mönchengladbach defeats

l'Afrique et l'Australie, pour occuper, piller,
dépeupler et coloniser. Cruelle et gravide patrie d'Europe.

Au bout du village, il n'y a plus rien de fami-
lier: un supermarché à côté d'un marchand de
ferraille, de la tôle cabossée, la peinture rongée
par la rouille, un quartier périphérique qui
paraît vomi dans les champs par le village
malade – ils gênent le paysage initial.

Une patrie perdue. Mais pour celui qui habite
la maison de mon arrière grand-père, l'Europe est devenue accessible. Il va à l'exposition
agricole de Berlin, fait un voyage en Jutland
avec le conseil municipal, pour y étudier l'éle-
vage des verrats; en été, il va se mêler aux
chairs cuites qui peuplent les bords de l'Adri-
atique et en automne, il prend l'avion pour
Las Palmas où il se sent vraiment chez lui.
Car les avions à réaction passent au-dessus du
vallon tranquille où vivait mon grand-père.
La scie à moteur grince dans la forêt, la dra-
gue cahote et gronde. Au bout du village, on
n'entend plus le murmure du ruisseau, et la
brise ne peut secouer le pylône qui a supplan-
té le tilleul. Et si le vacarme devient trop fort,
le paysan de la Teck appuie sur un bouton
et la pièce retentit, en toutes les langues, des
chansons de l'Europe: io ti amo – je vous
aime – I love you – ja tü ljublu – te quiero
– oléhélas – okayjoicarambadudelduljöh.
Patrie Europe, lasse de lutter, mais armée jusqu'aux dents, qu'il est heureux que tes batail-
les se jouent maintenant sur les stades de

hat Europas babylonische Volkslieder in der Stube: io ti amo – je vous aime – I love you – ja tü ljublju – te quiero – oléhélas-okayjoijoicarambadudelduljöh.
Heimat Europa, kampfmüde, aber hoch-gerüstet, wie gut, daß deine Schlachten zur Zeit in den Fußballstadien stattfinden: Mönchengladbach schlägt Madrid, Reims unterliegt Lüttich, Bomber Müllers Treffer läßt Wembley-Stadion erzittern, glanzvoller Sieg Mailands in Malmö, Polens vernichtende Niederlage in Portugal.

„Vielleicht ist so etwas wie Heimweh der Ansatzpunkt für die Diskussion dessen, was heute die Funktion von Heimat haben kann. Vielleicht kann man sogar von diesem Heimweh aus bestimmen, wie das beschaffen sein muß, was man in einem neuen Ver-ständnis vielleicht dennoch wieder Heimat nennen könnte: Heimat als angemessene Umwelt; Heimat als das, wohin sich Wünsche und Erinnerungen gerne richten.“

(Willy Leygraf)

So soll dieses Buch demonstrieren, daß der, der seine eng umgrenzte Heimat verloren hat, ob er nun daraus von der Politik oder der Technik, von einer Organisation oder von der Zivilisation vertrieben worden ist, in Europa neue Heimat finden oder gar ganz Europa

Real Madrid, Stade Reims loses to Standard Liège, Bomber Müller's goals make Wembley tremble, brilliant victory by Milan in Malmö, Poland's disastrous defeat in Portugal.

"Perhaps something like homesickness *(Heimweh)* is the starting point for discussing just what the function of the homeland can be. Starting out from this homesickness perhaps one can even determine just what it must be like, this thing we can perchance in a new insight call homeland again: homeland as a suitable environment; a homeland, goal of wishes and memories."

(Wily Leygraf)

This book should show that the person who has lost his small and encapsulated homeland, whether through politics or technology, or forced out by an organisation or by civilisation itself, can find a new homeland in Europe or can even consider all of Europe as his homeland. It should show landscapes which can cause homesickness. It should awaken memories and stimulate desires. And finally it should appeal to every responsible citizen in Europe: Do something to make sure that the homelands shown in this book are pre-served.
Homeland Europe, in which landscapes fluc-tuate in natural rhythms, in which peoples and languages overlap – a colourful dress of

football: Mönchengladbach bat Madrid, Reims perd contre Liège, le but du «bombar-dier» Müller ébranle le stade de Wembley, la victoire brillante de Milan à Malmoe, la dé-faite cruelle de la Pologne au Portugal.

«Peut-être que le mal du pays est le point de départ d'une discussion sur la fonction actuelle de la patrie. Peut-être même que, à partir de la notion du mal du pays, on peut déterminer, sur de nouvelles bases, l'essence de ce qu'on appellera encore la patrie: la pa-trie en tant qu'environnement adéquat: la patrie qui est le creuset des désirs et des souvenirs de l'homme.»

(Willy Leygraf)

Ce livre se promet de démontrer que celui qui a perdu sa vraie patrie, chassé par la politique ou la technique, par une organisation ou par la civilisation, pourra trouver une nouvelle patrie en Europe ou bien considérer toute l'Europe comme sa patrie. Il veut rafraîchir des souvenirs et provoquer des envies. Mais il veut, surtout, en appeler à la conscience de tout citoyen de l'Europe responsable: coopé-rer, pour que les patries, représentées dans ce livre, restent intactes.
La patrie Europe, où les paysages se relaient à un rythme naturel, où les populations et les langages se côtoient – il lui faudrait une robe bariolée aux couleurs fondues des toiles im-

als Heimat betrachten kann. Es soll Landschaften zeigen, nach denen man Heimweh
haben kann. Es soll Erinnerungen auffrischen
und Wünsche wecken. Es soll aber nicht
zuletzt an jeden verantwortlichen Bürger in
Europa appellieren: Tut etwas dafür, daß die
Heimaten, die in diesem Buch gezeigt werden,
erhalten bleiben.
Heimat Europa, in der die Landschaften in
natürlichem Rhythmus fluktuieren, in der die
Völker und die Sprachen sich überlappen –
ein buntes Kleid aus impressionistisch inein-
anderfließenden Farben wäre ihr angemessen.
Aber kleinkarierte Politik, gegen das Volk und
gegen die Völker gerichtet, hat ihr nur einen
Fleckerlteppich gegönnt, aus Stadtstaaten,
Kleinstaaten, Grafschaften, Duodezfürsten-
tümern kunstlos zusammengeflickt. Grenzen
haben Europa sinnlos zerschnitten, Lebens-
gemeinschaften, Kulturen und Landschaften
tranchiert. Im letzten Jahrhundert wurden die
Flecken größer, aber fast jede Grenzänderung
war mit blutenden Schnitten ins Fleisch der
Völker erkauft. Die Mutter Europa wurde in
die Beschränktheit der Vaterländer zerstückelt,
und Patriotismus nannte man die erzwungene
Liebe zur Engstirnigkeit. Und so erscheint
jeder Europäer nach einem sarkastischen Wort
des Grafen Coudenhove-Kalergi als ein
Schlachtfeld von Leidenschaften, von Willens-
richtungen und Charakteren. „In jedem
Europäer morden und vergewaltigen seine
Vorfahren einander."

impressionistic interlacing colours would be
fitting for her. But dowdy politics directed
against citizens and peoples only allow her
artless patchwork carpets, made up of city
states, small nations, counties, petty prince-
doms.
Borders have dissected Europe without rhyme
or reason; communities, civilisations and
landscapes are carved up. In the last century
these spots have become bigger but almost
every border change was bought with bloody
slashes into the flesh of nations. Mother
Europe was dismembered by the stupidity of
fatherlands, and the enforced love of narrow-
mindedness was called patriotism. And so each
European in his own battlefield – in the
sarcastic words of Count Coudenhove-
Kalergi – a battlefield of passion, differing
intentions and characters. "Within each
European his ancestors murder and rape one
another."

pressionnistes. Mais une politique bornée, di-
rigée contre la population et contre les peuples, ne lui a laissé qu'un tissu patch-work de
villes franches, de petits états, de comtés, de
principicules, juxtaposés sans art. Des frontières ont tailladé absurdement l'Europe, tranché
des communautés, des cultures et des paysages. Au siècle dernier, les taches ont grandi,
mais presque chaque changement de frontière
exigeait des coupures sanglantes dans la chair
des peuples. La mère Europe fut mise en morceaux entre les bornes des nations, et on appela patriotisme l'amour qui était celui d'un
état d'esprit borné. Et selon le mot sarcasti-
que du comte Coudenhove – Kalergi, chaque
Européen représente un champ de bataille
plein de passions, de volontés et de caractères
divers. «Dans le coeur de chaque Européen,
les ancêtres se violent et s'entre-tuent.»

Griechische Bilder

Greek Images · Images de la Grèce

Brücken schlagen. Verbindlich sein und verbinden. Schwingender Rhythmus von Pfeiler
und Bogen. Am Ufer Akanthusblätter, die im
korinthischen Kapitell zum Ornament werden,
Symbol der Verbindung von Natur und Kunst.
Ein knorriger Baum, Jahrhunderte alt und
immer noch bereit, im Frühling Knospen zu
treiben. Eine Schafherde als Manifestation
bukolischen Behagens. Der Schäfer als Signatur
der Naturverbundenheit, des Lebens mit den
Tages- und Jahreszeiten, der Fürsorge für
seine Herde. Hirte und Lamm als Symbol-
figuren, die das Heidentum mit dem
Christentum gemeinsam hat. Der gute Hirte
im Akropolis-Museum und in der Heiligen
Schrift. Freilich: die wohlig geschwungene und
sich buckelnde Brücke im epirischen Arta
ist vom Feind, von den Türken erbaut.
Abgebrochene Brücken, gesprengte Brücken.
Brücke der Freundschaft nennt sich das
stählerne Band, das über die trennende
Donau hinweg die Brudervölker der
Bulgaren und Rumänen verbindet. Aber vor
zehn Jahren sah ich, daß diese Brücke ein
zweckloses, totes Symbol war, wie Stachel-
draht, Wachttürme und Posten die freund-
schaftliche Funktion der Brücke ver-
höhnten.
Wiege Europas, Wiege der Demokratie, erst
jüngst erlöst von der Knechtschaft der
Obristen, ist Griechenland, die Region
Europas, wo Wasser und Land sich in ständigem
Wechselspiel ablösen. Meer und Küste, Halb-

Build bridges. Something binding, something
uniting. Flowing rhythms of piers and arches.
Acanthus leaves on the banks, ornaments in
the Corinthian columns. A gnarled tree,
centuries old, and still budding in spring.
A flock of sheep as manifestation of bucolic
pleasure. The shepherd as a mark of harmony
with nature, of life itself with daily and yearly
rhythms, of care for his flock. Shepherd and
lamb as symbolic figures which heathendom
and Christianity have in common. The good
shepherd in the Acropolis Museum and in the
Holy Bible. Although the joyous, arched and
buckled bridge in Arta (Epirus) was built
by the enemy, the Turks.
Broken bridges, blown-up bridges. The Bridge
of Friendship is the name of the steel band
connecting together the sister nations of
Bulgaria and Roumania over the Danube.
But only a decade ago I saw this bridge as
a pointless symbol of death as barbed wire,
watchtowers and guards made nonsense of
the friendly function of the bridge.
Greece – the cradle of Europe, cradle of
democracy, only recently delivered from the
bondage of the colonels – that part of Europe
where water and land permanently alternate.
Sea and coast, peninsulas and masses of
islands. Land of the shipbuilders, merchants,
colonizers, exporters of intellect. The island
with its harbour shows itself to be both
secluded and worldly as domicile of the individual wishing to converse. How many islands

Jeter des ponts. Contacter et relier. Le rythme
harmonieux des piliers et des arches. Il y a
des feuilles d'acanthe sur les rives, qui deviennent les ornements du chapiteau corinthien,
symbole de l'union entre la nature et l'art. Un
arbre noueux, centenaire, mais qui bour-
geonne encore au printemps. Un troupeau de
moutons qui est l'image d'un bien-être bucolique. Le berger représente l'entente avec la nature, la vie au rythme du jour et des saisons,
la sollicitude pour son troupeau. Le berger et
l'agneau sont les figures symboliques que le
paganisme et le christianisme ont en commun.
Le bon berger du musée de l'Acropole et de
l'Ecriture Sainte. Certes: le pont gracieuse-
ment arqué d'Arta (Epire) est œuvre de
l'ennemi, des Turcs.
Des ponts coupés, des ponts détruits. On appelle pont de l'amitié le ruban d'acier, qui,
par-dessus le Danube, unit les peuples frères
des Bulgares et des Roumains. Mais, il y a
dix ans, je vis que ce pont était un symbole
inutile et mort; je vis aussi le fil de fer barbe-
lé, les tours de gardes et les sentinelles qui ba-
fouaient les fonctions d'amitié de ce pont.
Berceau de l'Europe, berceau de la Démocratie, la Grèce qui vient de sortir de l'esclavage
des colonels est la région d'Europe, où l'eau
et la terre se relaient sans arrêt. La mer et
les côtes, des presqu'îles et des troupeaux
d'îles. C'est le pays des armateurs, des marchands, des colonisateurs et des exportateurs
de culture. L'île avec son port, à la fois fer-

inseln und Herden von Inseln. Land der Schiffebauer, der Händler, der Kolonisatoren, der Geistesexporteure. Die Insel mit ihrem Hafen erweist sich hier abgeschlossen und weltoffen als Wohnsitz des zur Kommunikation bereiten Individuums. Wie viele Inseln sind mit dem Schicksal einer Persönlichkeit verbunden: Ariadne auf Naxos; Sappho auf Lesbos; Odysseus von Ithaka. Delos, heiliger Geburtsort des Apollo, wo niemand mehr geboren werden und niemand sterben durfte. Johannes auf Patmos. Lord Byrons Landung auf Kephallinia. Kaiser Wilhelms des Protzigen Palast auf Korfu. Papadopoulos' Staatsgefängnis auf Jaros.

Inseln der Elemente. Wind, der sich in Mühlenflügeln fängt. Wasser, das gegen Fels brandet, das in sanften Wellen den Strand streichelt, das Schiffe auf den Rücken nimmt. Lava, die aus Kratern bricht. Sonnenfeuer, das die Erde verkarsten läßt, aber dort, wo sie kultiviert wird, den Ölbaum silbergrün prachtet und den Wein dunkelrot färbt. Die allösterlich erneuerte weiße Tünche kubischer Häuser, die mit dem Braun des Bodens und dem Blau des Meeres einen Akkord bildet.

Inselland der großen Einzelnen. Der Lyriker Pindar. Der Epiker Homer. Der Dramatiker Aischylos. Der Philosoph Sokrates. Der Historiker Herodot. Der Satyriker Aristophanes. Der Theoretiker Aristoteles. Der Theologe Hesiod. Der Bildhauer Phidias. Der

are bound to the fate of a single person: Ariadne on Naxos, Sappho on Lesbos, Odysseus of Ithaca. Delos, holy birthplace of Apollo, where none could be born and none could die. John on Patmos. Lord Byron's landing on Cephalonia. The bombastic Emperor Wilhelm's palace on Corfu. Papadopoulos' state prison on Jaros.

Islands of the elements. Wind caught in the vanes of the windmills. Water breaking against the cliffs, caressing the beach with mild waves, carrying ships on its back. Lava spuming from the craters. Sun fire burning the earth stone hard, but also making possible the splendour of the silver-green olive-tree and lending the wine its typical dark-red colour. The cubic houses with their whitewashed walls, which are repainted every Easter, harmonize with the brown of the earth and the blue of the sea.

Island country of great individuals. The lyric Pindar, the epic poet Homer, the dramatist Aeschylus, the philosopher Socrates, the historian Herodotus. The satiric Aristophanes. The theoretician Aristotle. The theologian Hesiod. The sculptor Phidias. The statesman Pericles. Classical scholars have given us the Greek human sciences, they have presented antiquity as a complete epoch, but the majority of them did not think of further developing their – and our – knowledge from antiquity. They did not tell us that natural sciences also have their roots in antiquity.

mée sur elle-même et ouverte au monde, est le foyer de l'individualisme prêt à la communication. Beaucoup d'îles sont marquées par le destin d'une personnalité: Ariane à Naxos; Sappho à Lesbos; Ulysse d'Ithaque. Delos, le lieu de naissance sacré d'Apollon, où personne n'avait le droit de naître ou de mourir. St. Jean à Pathmos. Le débarquement de Lord Byron à Céphalonie. Le palais voyant de l'empereur Guillaume à Corfou. La prison d'Etat de Papadopoulos à Jaros. Iles des éléments. Le vent se prend dans les ailes des moulins. L'eau se brise contre le rocher, caresse la plage de ses douces vagues et porte les bateaux sur son dos. La lave jaillit des cratères. Le feu du soleil dénude la terre, mais là, où elle est cultivée, il rend superbe le vert argent de l'olivier et il colore de pourpre la vigne. Les maisons, en forme de cube, blanchies à chaque fête de Pâques, s'accordent avec la couleur brune de la terre et le bleu de la mer.

Iles des grands hommes. Le poète lyrique Pindare. Le poète épique Homère. Le père de la tragédie Eschyle, le philosophe Socrate, l'historien Hérodote. Le poète comique Aristophane. Le théologien Hésiode. Le sculpteur Phidias. L'homme d'état Périclès. Les philologues nous ont enseigné la pensée grecque, ils nous ont montré l'antiquité comme une époque révolue. Pour la plupart, il ne pensèrent pas à se servir de l'antiquité pour faire évoluer notre esprit et le leur. Ils nous cachèrent

Staatsmann Perikles. Die Altphilologen haben uns griechische Geisteswissenschaften vermittelt, sie haben uns die Antike als eine abgeschlossene Epoche beigebracht, in der Mehrzahl dachten sie nicht daran, ihr Wissen und unser Wissen aus der Antike heraus weiterzuentwickeln. Sie verschwiegen uns, daß auch die Naturwissenschaften ihre Wurzeln in der Antike haben. Der Mathematiker Euklid. Der Arzt Hippokrates. Der Physiker Platon. Der Astronom Hipparch. Der Biologe Empedokles. Der Naturforscher Archimedes. Aber auch die Hetäre Aspasia und der Terrorist Herostrat.

Die griechischen Götter lebten in der Landschaft. Sie zeigten menschliche Schwächen. Für sie war das schönste Gottesgeschenk, die Liebe und mit ihr verbunden die Sexualität, nicht mit dem fatalen Begriff der Erbsünde verbunden. Zeus war ein Liebhaber und Schürzenjäger, der keinen Trick scheute, um eine Frau zu verführen und seine Frau zu betrügen. Er war ein Rollentauscher und Rollentäuscher, ein Zauberer und Versteller. Wenn es darum ging, eine Frau herumzukriegen, genierte er sich nicht einmal, in das leibliche Gewand ihres Ehemanns zu schlüpfen. Er spielte die Rolle des Schwans und des Stiers, er fiel als Goldregen und als Wolke in den Schoß der Erkorenen. Er spielte die Rolle eines Satyrn und seines Sohnes Apollo, um zum Ziel seiner erotischen Wünsche zu kommen. Dagegen

The mathematician Euclid. The physician Hippocrates. The physicist Plato. The astronomer Hipparchus. The biologist Empedocles. The scientist Archimedes. But the courtesan Aspasia and the terrorist Herostratus too. The Greek gods were part of the landscape. They showed human weaknesses. For them the most beautiful divine gift was love, and sexuality with it, but not connected with the fatal notion of original sin. Zeus was a lover and womaniser who left no trick untried to seduce a woman and to deceive his wife. He was forever changing roles, a magician, a shifter. Whenever he wanted to win over a woman he wasn't even ashamed to slip into her husband's garments. He played the role of the swan and the bull, he appeared in the guise of a laburnam and as a cloud in the lap of the chosen. He played the role of a satyr and even that of his own son, Apollo, to fulfil his erotic desires. On the other hand he would even begrudge Apollo the nymph Daphne, changing her into a laurel tree even as Apollo courted her. Kronos, father of Zeus, castrated his own father, Uranus, and threw his testes into the sea; that most delightful of all Greek goddesses, Aphrodite, arose from the seed and the surf and at once proceeded to deceive her husband, Hephaestus, with Ares. What stories, what scandals. And how it all still lives on in the Greek landscape where Apollo, God of the Arts, friend of the Muses, protector of the flocks, and destroyer

que les sciences prennent aussi racine dans l'antiquité. Le mathématicien Euclide. Le médecin Hippocrate. Le physicien Platon. L'astronome Hipparque. Le biologue Empédocle. Le chercheur Archimède. Mais encore Aspasie, l'hétaire, et le terroriste Hérostrate. Les dieux grecs vivaient dans le paysage. Ils manifestaient des faiblesses humaines. Le plus beau cadeau des dieux, c'était, pour eux, l'amour lié à la sexualité sans la fatale notion du péché originel. Zeus était un amant et un coureur de jupons, qui ne reculait devant aucun stratagème pour séduire une femme et tromper la sienne. C'était un comédien, un simulateur, un magicien et un «feinteur». Pour faire succomber une femme, il n'hésitait pas à se mettre dans la peau de son mari. Il jouait le rôle du cygne et du taureau, il tombait en pluie d'or et se faisait nuage dans le giron de l'élue. Il jouait le rôle d'un satyre et se faisait passer pour son fils Apollon pour satisfaire ses désirs érotiques. En revanche, il ne laissa pas à Apollon la nymphe Daphné, qu'il transforma en laurier, au moment où elle allait être saisie par Apollon qui la poursuivait. Lorsque le père de Zeus, Cronos, émascula son père Uranus et jeta ses parties génitales dans la mer, naquit du mélange de la sémence et de l'écume, Aphrodite, la plus charmante des déesses grecques qui, à son tour, trompa son mari Héphaistos avec Arès. Quelles histoires, quels scandales! Et que tout cela vit encore dans le paysage grec, où Apollon, le

gönnte er Apollo nicht den Besitz der
Nymphe Daphne, die er in einen Lorbeer-
baum verwandelte, als Apollo ihr nachstellte.
Als der Vater des Zeus, Kronos, seinen Vater
Uranus entmannte und dessen Gemächte ins
Meer warf, entstand aus dem Samen und dem
Meerschaum die lieblichste griechische Göttin,
Aphrodite, die wiederum ihren Mann
Hephaistos mit Ares betrog. Welche
Geschichten, welche Skandale. Und wie lebt
das alles noch in der griechischen Landschaft, wo sich Apollo, Gott der Künste,
Freund der Musen, Beschützer der Herden
und Vertilger der Feldmäuse einen der
schönsten Flecken der Erde für sein Heiligtum
ausgesucht hat. Delphi, wo die drei Säulen
der Tholos aus dem Katarakt der Ölbäume
herausbrechen, der sich hinunter ins Meer
ergießt.
Wo sich aber die heidnische Welt der Landschaft öffnete, wo Pan noch die Flöte bläst,
die Nymphen baden und Silen bocksfüßig
und trunken durchs Unterholz bricht, da zog
sich das orthodoxe Christentum in die Un-
zugänglichkeit der Felsen zurück und
schmückte seine Klöster mit den an die
Wand gemalten Bilderbüchern frommer
Legenden von Heiligen und Märtyrern. Auf
einem der drei Finger an der Hand der Halbinsel Chalkidike, dem heiligen Berg Athos,
entartete die Keuschheit zum Exzeß. Dort ist
das Weib selbst in der Tierwelt nicht
geduldet; keine Kuh, keine Ziege spendet

of the fieldmice, chose one of the most beautiful spots on this earth for his sanctuary –
Delphi, where the three pillars of Tholos
spring forth from the cataract of olive trees
which pour down into the sea.
But whereas the heathen world opened up
the landscape, where Pan played his pipes,
where nymphs bathed, and Silenus stumbled
drunkenly through the undergrowth, Orthodox Christianity drew back into the inaccess-
ibility of the cliffs and decorated its
monasteries with stories of saints and martyrs
painted on the walls. On one of the three
fingers of the Chalcidice Peninsula is the holy
mountain Athos where chastity has dete-
riorated to excess. The female is not even
suffered in the animal kingdom; no cow, no
goat gives milk, no hen lays an egg. It is
almost a grail's world built up around the
cliff towers of Pindus on which the Meteora
monasteries hang and stick. On the bewitched
pathways of Athos, the smell of blossoms
and wild herbs in the air, female birds sing a
satirical song, and the last hermits live as did
John the Baptist, not in the desert but in
the *maquis* and flee like timid game when
they hear a wanderer approaching.
Via the charming Nauplia we came to
Epidauros, where we were impressed by the
theatre, refreshing ourselves in the spa-like
climate in the sanctuary of Asclepius, finally
tiring of the people and the stone we
went down to the small harbour of Nea-

dieu des arts, l'ami des muses, le protecteur
des troupeaux et l'exterminateur des campa-
gnols a élu un des plus beaux endroits de la
terre pour y installer son sanctuaire. Delphes,
où les trois colonnes de la Tholos surgissent
de la cataracte des oliviers qui descend se
jeter dans la mer.
Là où le monde païen peuplait le paysage, où
Pan joue encore de la syrinx, où les nymphes
vont se baigner, et où le Silène à pieds de
bouc galope, enivré, dans les futaies, le christianisme orthodoxe se réfugia dans les rochers
inaccessibles et couvrit les murs de ses couvents de l'imagerie des légendes pieuses des
saints et des martyrs. Sur l'un des trois doigts
de la presqu'île de Chalcidique, la montagne
sainte Athos, la chasteté devint excessive. On
n'y tolère pas la femme, même dans le monde
animal; aucune vache, aucune chèvre pour
donner du lait, pas une poule pour pondre
l'œuf. C'est presque l'univers du Graal qui rè-
gne autour des tours rocheuses du Pinde. Les
couvents Météores y sont accrochés, comme
collés à la paroi. Dans les sentiers enchantés
de l'Athos qui embaument les fleurs et les
herbes sauvages les oiseaux femelles chantent
un air moqueur, et les derniers hermites vivent comme saint Jean-Baptiste; le maquis
remplace le désert, et ils fuient comme des
animaux effarouchés quand ils entendent s'ap-
procher le promeneur.
De la charmante ville de Nauplie, nous al-
lions à Epidaure. Le théâtre nous impression-

Milch, kein Huhn legt ein Ei. Fast eine Gralswelt tut sich um die Felsentürme des Pindos auf, an denen und auf denen die Meteoraklöster hängen und kleben. Auf verwunschenen, nach Blüten und Wildkräutern duftenden Pfaden des Athos singen weibliche Vögel ein Spottlied, und die letzten Einsiedler leben gleich Johannes dem Täufer zwar nicht in der Wüste, aber in der Macchia und flüchten wie scheues Wild, wenn sie den Wanderer nahen hören.

Wir fuhren vom lieblichen Nauplia nach Epidauros, ließen uns vom Theater imponieren, labten uns am Kurklima im Heiligtum des Asklepios, wurden schließlich der Menschen und Steine müde und fuhren in den kleinen Hafen von Nea-Epidavros, der aussieht, als habe ihn Poseidon zu eigener Lustbarkeit selbst angelegt. Bunte Boote wiegten sich auf türkisgrünem Wasser, in dem violette Medusen ihre Fallschirme aufgespannt hatten, um damit durchs Wasser zu segeln. Eine Kneipe hatte ihre Tische auf den kleinen Kai hinausgeschickt. Nie schmeckte der Retzina so gut, jener Wein, der sich fast aggressiv auf die Zunge stürzt und in seinem Harzgeschmack die wilde und liebliche Herbheit Griechenlands entfaltet, sich dann verflüchtigt und ein zartes bacchantisches Behagen hinterläßt. Der Wein machte uns schläfrig und traumwach zugleich. Um unsere Füße strichen Katzen. Meer und Bucht und Wasser und Feigenbaum gingen in uns ein. Wir guckten in

Epidaurus which looks for all the world as though Poseidon built it himself for his own amusement. Colourful boats rocked on turquoise water in which violet jelly fish had spread their parachutes as water-sails. A bar had placed its tables on the small quay. Retzina had never tasted so good, that wine which almost aggressively attacks the tongue and unfolds the wild and attractive tartness of Greece in its resiny taste, then vanishing and leaving behind it a delicate bacchanalian pleasure. It made us sleepy and at the same time we felt awake as if in a trance. Cats rubbed our feet. Sea and bay and water and fig tree became a part of us. We had a look at the kitchen, into the pots where appetizing combinations of cockles, aubergines, minced meat, lamb, peas, grape-leaves, and rice roasted and frizzled. The patron showed us a fish with a glistening silver body, pink-toned. We chose this fasting meal. We were infinitely elated and remembered the man at the foot of the mighty ruins of Tiryns who roasted us mutton the previous day, serving us large pieces on a sheet of parchment and answering our request for knife and fork with: "Women and meat are only to be touched with the hands." The fish came, brown and crispy, trimmed with lemons, a slight garlic aroma rising from it. From head to toe we felt at ease. Time stood still. We became as one with it. There was only today, no yesterday, no tomorrow. Was it not Goethe who once said

na et le climat sain du temple d'Asclépios nous regaillardit. Mais bientôt, nous en eûmes assez des gens et des pierres et nous rejoignîmes ce petit port de Nea-Epidavos, qui semble avoir été placé là par Poseidon pour s'y adonner aux plaisirs. Des barques multicolores se balançaient sur l'eau d'un vert turquoise, où des méduses violettes avaient déployé leurs parachutes pour naviguer dans l'eau. Jamais le vin résiné n'avait eu si bon goût: ce vin qui agresse la langue et dont le goût de résine exhale l'âpreté à la fois sauvage et douce de la Grèce. Quand son arôme s'est évaporé, on ressent un doux bien-être bachique. Sous l'effet du vin, nous étions comme endormis, mais pleins de rêves éveillés. Des chats frôlaient nos pieds. Nous nous laissions pénétrer des images de la mer, de la baie, de l'eau et du figuier. Nous jetâmes un coup d'oeil dans la cuisine et dans les casseroles, où mijotaient des ragoûts appétissants faits de moules, d'aubergines, de viande hâchée, d'agneau, de petits pois, de feuilles de vigne et de riz. Le chef nous montra des poissons au ventre brillant, argenté, teinté de rose. Nous choisîmes ce repas de carême. Nous nous sentions extraordinairement bien et nous pensions à l'homme qui, la veille, au pied des ruines imposantes de Tirynthe, faisait rôtir un mouton. Il nous en avait servi de gros morceaux dans du papier-parchemin et comme nous demandions un couteau et une fourchette, il avait répondu: «On ne touche les femmes et la

die Küche, schauten in die Töpfe, wo appetit-
liche Kombinationen aus Muscheln, Auber-
ginen, Hackfleisch, Lamm, Erbsen, Wein-
blättern und Reis brieten und brutzelten. Der
Patron zeigte uns Fische mit schimmerndem
Silberleib, rosig getönt. Wir entschlossen uns
zu dieser Fastenmahlzeit. Wir waren unendlich
beschwingt und erinnerten uns des Mannes,
der zu Füßen der mächtigen Ruinen von
Tiryns gestern einen Hammel gebraten, uns
große Stücke auf Pergamentpapier serviert und
auf unsere Bitte nach Messer und Gabel geant-
wortet hatte: „Frauen und Fleisch berührt man
nur mit den Händen." Der Fisch kam auf
den Tisch, braun und knusprig, mit Zitronen
garniert, er hatte ein kleines Knoblauch-
fähnchen gehißt. Uns war bis zu den Fuß-
spitzen hinunter wohl. Die Zeit stand still.
Wir waren eins mit ihr. Es gab nur ein
Heute, kein Gestern und kein Morgen. Hat
nicht Goethe gesagt, von allen Völker-
schaften hätten die Griechen den Traum des
Lebens am schönsten geträumt? Uns war sehr
griechisch zumute. Zum Augenblick sagen:
Verweile doch, du bist schön. Aphrodite
netzte ihren Fuß im Wasser. Apollos Saiten
erklangen. Poseidon stieß freundlichen Wellen-
schlag an die Mole. Helios lenkte den
Sonnenwagen dem Abend zu.

that the Greeks had dreamed the dream of
life more beautifully than anyone else? We
felt very Greek. To be able to tell the moment:
don't go away, you are so beautiful.
Aphrodite dipped her foot in the water.
Apollo plucked his strings. Poseidon sent
friendly waves splashing against the pier.
Helios drove his sun chariot towards the
evening.

viande qu'avec les mains.» Le poisson fut servi, grillé et croustillant, garni de citron, en-
touré d'une vapeur d'ail. Un bien-être avait
envahi tout notre être. Le temps s'était arrêté.
Nous nous étions identifiés à lui. Il n'y avait
que l'instant présent, le passé et l'avenir
n'existaient plus. Goethe a dit, je crois, que,
de tous les peuples, c'étaient les Grecs qui
s'étaient entendu à rêver le plus beau rêve de
la vie. Nous nous sentions vraiment grecs. Dire à l'instant qui passe: Ô temps suspends ton
vol, tu es si beau. Aphrodite trempait son
pied dans l'eau. La lyre d'Apollon résonnait.
Poseidon poussait de petites vagues vers le
môle. Hélios conduisait le char du soleil vers
le soir.

Scharnier Kleinasien

Asia Minor the Hinge · La charniere de l'Asie Mineure

Kleinasien ist das Scharnier, das Europa mit Asien verbindet, levantinischer Umschlagplatz für Waren, Völker, Religionen. Sprungbrett für heidnische Invasionen, von denen eine die Türken bis vor Wien führte. Brückenkopf für europäische Siedler und christliche Apostel. Die griechischen Städte Troja, Pergamon, Ephesos, Milet und Halikarnassos liegen in Kleinasien. In Troja starben Hektor und Achilles. In Ephesos stand eines der sieben Weltwunder, der Tempel der Artemis, der von Herostrat angezündet wurde. Hier predigte Paulus und sprach das so wenig beherzigte Wort, daß geben seliger sei als nehmen. Hier wurde der Apostel Johannes begraben. Die Gottesmutter soll hier gestorben sein.

Nahe den mächtigen Sinterterrassen, gebildet aus mineralischen Rückständen des Wassers, die wie Katarakte aus weißem und blauem Eis aussehen, liegen die Ruinen der Stadt Hierapolis, aus der der Kybele-Kult kommt. Sie war die große Mutter, die ihren Geliebten entmannte, weil er ihr nicht treu war. Ihre Priester geißelten und entmannten sich. Kleinasiatische Götter sind auch im Kult grausamer, als es ein griechischer Gott je zu sein vermochte. Im späten Rom wurde Kybele noch verehrt, überdauerte sogar die Christianisierung und ging in den Marienkult ein.

In Kleinasien wurde die Lehre des Propheten und politischen Organisators Mohammed expansiv. Unter der Fahne des Propheten

Asia Minor is the hinge connecting Europe and Asia, levanter transfer point for goods, peoples, religions. Spring-board for heathen invasions, from which the Turks reached the gates of Vienna. Bridgehead for European settlers and Christian apostles. The Greek cities of Troy, Pergamum, Ephesus, Miletus, and Halicarnassus lie in Asia Minor. Hector and Achilles died at Troy. One of the seven wonders of the world stood at Ephesus, the temple of Artemis burnt down by Herostratus. Paul preached there and declared those so little considered words that giving is more blessed than taking. The Apostle John was buried here. The Holy Mother may have died here.

Near the mighty sinter terraces, formed from the mineral sediments of the water, looking like cataracts of white and blue ice, lie the ruins of the town of Hierapolis where the Cybele cult started. She was the great mother who castrated her lover because he was not faithful to her. Her priestesses flagellated and castrated each other. Asia Minor's gods are also more horrible in cult than a Greek god ever could be. In later Rome Cybele was still revered, even outlasting Christianization and becoming later a part of the Maria cult.

The teachings of the prophet and political organiser Muhammed spread outwards. Under the banner of the Prophet the Turks became a seapower. In 1353 they crossed the

L'Asie Mineure est la charnière, qui relie l'Europe à l'Asie, un marché levantin de marchandises, de peuplades, de religions. Tremplin des invasions païennes, dont l'une d'entre elles conduisit les Turcs jusqu'aux portes de Vienne. Tête de pont pour les colons européens et les apôtres chrétiens. Les villes grecques: Troie, Pergame, Ephèse, Milet, Halicarnasse se trouvent en Asie Mineure. Hector et Achille moururent à Troie. A Ephèse se dressait une des sept merveilles du monde, le temple d'Artémis, qui fut incendié par Hérostrate. Saint Paul prêchait là aussi et enseignait la parole si peu pratiquée, selon laquelle, il vaut mieux donner que prendre. C'est ici qu'on enterra l'apôtre Jean. Il paraît que la mère du Seigneur est morte ici.

Près des terrasses impressionnantes, formées de concrétions qui ressemblent à des cataractes de glace blanche et bleue, se dressent les ruines d'Hiérapolis, la ville d'où vient le culte de Cybèle. C'était la mère originelle, qui émascula son amant parce qu'il lui avait été infidèle. Ses prêtres se flagellaient et s'émasculaient. Le culte des dieux d'Asie Mineure était encore plus cruel que celui des divinités grecques. Dans les derniers temps de l'Empire romain, on vénérait encore Cybèle, dont le culte résista même à la christianisation pour déboucher sur le culte de la Vierge.

C'est en Asie Mineure que commença l'expansion du dogme de Mahomet, le prophète et l'organisateur politique. Sous la bannière

kamen die Türken zur Seemacht. 1353 über-
schritten sie die Dardanellen und fielen in
Europa ein. 1453 war ein Schicksalsjahr für
das Morgen- und für das Abendland. Die
Türken unter Sultan Mohammed II. eroberten
die Hauptstadt des oströmischen Reiches
Konstantinopel. Von dort aus errangen sie
die Herrschaft über Griechenland, Bulgarien,
Rumänien, Montenegro, Serbien und weite
Teile Ungarns.
Die griechische Kolonie Byzanz wurde später
zur Hauptstadt des oströmischen Reiches und
erhielt unter dem Kaiser, der das Christentum angenommen hatte, den Namen
Konstantinopel. Sie gleicht einer Zwiebel, die
aus vielen Schalen besteht: griechisches und
spätrömisches Byzanz, christliches Konstantinopel, türkisches Istanbul. In ihrer bevorzugten Lage am Marmarameer, am Bosporus
und am Goldenen Horn ist sie eine der
schönsten Städte Europas. Mächtige Brücken,
die Meerarme überspringen, eine, die Asien
mit Europa verbindet. Schiffe, Kuppeln und
Minarette. Bazare und Gassen, von Sonnen-
segeln überdacht. Wunder der Blauen und der
Suleiman-Moschee. Die Hagia Sophia mit ihren
Säulen aus dem Artemistempel in Ephesos.
Kirchen in Moscheen. Moscheen in Kirchen.
Das Dunkel kleiner byzantinischer Gottes-
häuser mit den Mosaiken, die Geschichten
der Heiligen und Märtyrer erzählen. Und als
dritte Schicht das antike Byzanz; Hippodrom,
Obelisk und Schlangensäule.

Dardanelles and attacked Europe. 1453 was a
year of destiny for East and West. Under
the leadership of Sultan Muhammed II the
Turks conquered Constantinople, the capital
of the Eastern Roman Empire. From Constantinople they conquered Greece, Bulgaria,
Roumania, Montenegro, Serbia and large
parts of Hungary.
The Greek colony Byzantium was later to
become the capital of the Eastern Roman
Empire and was given the name of Constantinople by the Emperor, who had been
converted to Christianity. It resembles an
onion of many slices: Greek and late Roman
Byzantium, Christian Constantinople, Turkish
Istanbul. In its privileged spot on the
Marmara Sea, on the Bosporus and at the
Golden Horn, it is one of the most beautiful
of all European cities.
Mighty bridges spanning the arms of the sea,
one of them connecting Europe to Asia.
Ships, domes, and minarets. Bazaars and
alleys, covered by sun sails. The wonder of
the Blue Mosque and the Sulaiman Mosque.
The Hagia Sofia with its pillars from the
Temple of Artemis in Ephesus. Churches
in mosques. Mosques in churches. The dim
light of small Byzantine churches with mosaics
which tell the stories of saints and martyrs.
And as third layer ancient Byzantium;
hippodrome, obelisque and winding pillars.
The Turks certainly withdrew all political
rights from those European peoples they

du Prophète, les Turcs conquirent les mers.
En 1353, ils dépassèrent les Dardanelles et en-
vahirent l'Europe. Et 1453 fut une année fati-
dique pour l'Orient et pour l'Occident. Les
Turcs, avec le sultan Mohammed II à leur tête, prirent Constantinople, la capitale de
l'Empire d'Orient. A partir de là ils partirent
à la conquête de la Grèce, la Bulgarie, la
Roumanie, le Montenegro, la Serbie et d'une
grande partie de la Hongrie.
La colonie grecque de Byzance devint plus
tard la capitale de l'empire d'Orient et l'empereur, converti au christianisme lui donna le
nom de Constantinople. Elle est comme un
oignon à plusieurs couches; Byzance: la grecque et la romaine, Constantinople: la chrétienne, Istanbul: la turcque. Grâce à sa situation idéale aux bords de la mer de Marmara,
du Bosphore et de la Corne d'Or, c'est une
des plus belles villes d'Europe. Des ponts im-
pressionnants enjambent les bras de mer, et
l'un unit l'Asie et l'Europe. Des bateaux, des
coupoles et des minarets. Des bazars et des
ruelles recouverts de bannes. Deux merveilles:
la Mosquée Bleue et la mosquée de Soliman.
La Sainte-Sophie avec ses colonnes du temple
d'Artémis d'Ephèse. Des églises dans des
mosquées. Des mosquées dans des églises. La
pénombre de petites églises byzantines avec
leurs mosaïques qui célèbrent des histoires de
Saints et de Martyrs. Et la troisième couche:
l'antique Byzance; l'hippodrome, l'obélisque
et la colonne-serpent.

Die Türken nahmen zwar den europäischen Völkern, deren Länder sie besetzt hatten, alle politischen Rechte, aber der Islam war im Unterschied zur katholischen Kirche in religiösen Dingen tolerant. Im Jahre des Schismas, 1054, trennte sich die griechisch-orthodoxe Kirche von der römisch-katholischen. Byzanz wurde der Sitz des Cäsaropapismus, das heißt, daß der Kaiser gleichzeitig auch das Haupt der Kirche war und byzantinistische Verehrung forderte und genoß. Auch nach der Eroberung von Konstantinopel blieb der Patriarch als oberster Kirchenfürst in der Stadt. Die griechische Kirchensprache blieb erhalten, und so war den politisch unterjochten Völkern die Möglichkeit der Bildung nicht versperrt. Reiche und gebildete Griechen standen als Beamte, Diplomaten, Dolmetscher im Dienst der Pforte. Bischöfe waren gleichzeitig hohe Verwaltungsbeamte und Richter. Die griechisch-orthodoxe Kirche sammelte so heimlich die Opposition der sich nach Freiheit sehnenden Völker. Und da auch die Russen den orthodoxen Glauben annahmen und im Patriarchen ihr geistliches Oberhaupt sahen, bis Peter der Große an die Spitze der russischen Kirche trat, blickten die von den Türken unterjochten Griechen und Slawen voll Hoffnung auf das russische Brudervolk: Es möge bald den Patriarchen und die Hagia Sophia von den Türken befreien.

conquered, but contrary to the Catholic Church Islam was more tolerant in religious matters. In the year of the schism, 1054, the Greek Orthodox Church separated from the Roman Catholic Church. Byzantium became the seat of Caesaropapism, i.e. the Emperor was also the head of the church, demanded Byzantine veneration – and enjoyed it. Even after the fall of Constantinople the Patriarch remained the principal prince of the church within the city. The Greek church-language was kept, and the chance of education was not withheld from politically subjugated peoples. Rich and educated Greeks were used by the Gate as officials, diplomats, interpreters. At the same time bishops were high administration officials and judges. The Greek Orthodox Church covertly collected under its roof the opposition of its peoples with their longing for freedom. And since the Russians also embraced the orthodox faith and saw in the Patriarch their spiritual head until Peter the Great became head of the Russian Church, the subjugated Greeks and Slavs placed high hopes in their Russian sister people: that they would soon liberate the Patriarch and the Hagia Sofia from the Turks.

Les Turcs enlevèrent aux peuples européens occupés tous leurs droits politiques, mais l'Islam était, au contraire de l'Eglise catholique, tolérant envers les autres religions. En 1054, au moment du schisme, l'Eglise orthodoxe grecque se sépara de l'Eglise catholique romaine. Byzance devint le siège du césaro-papisme, c'est-à-dire que l'empereur était aussi le chef de l'Eglise; il réunissait ainsi tous les pouvoirs, et il jouissait de la vénération de Byzance. Même après la prise de Constantinople, le Patriarche resta le premier prince de l'Église de la ville. Le grec resta langue d'église, et ainsi ces peuples qui subissaient le joug politique gardaient la possibilité de conserver leur culture propre. Les Grecs riches et cultivés étaient des fonctionnaires, des diplomates et des interprètes au service de la Porte. Les évêques cumulaient les fonctions de grands administrateurs et de juges. Ainsi, l'Eglise orthodoxe grecque était le foyer secret de l'opposition des peuples avides de liberté. Et comme les Russes se rallièrent à la foi orthodoxe et avaient choisi le Patriarche pour leur Père spirituel, jusqu'à ce que Pierre le Grand se mît à la tête de l'Eglise russe, les Grecs et les Slaves, asservis par les Turcs, mettaient leurs espoirs dans les frères russes: on attendait d'eux la délivrance prochaine du Patriarche et de la sainte Sophie.

Bulgarische Klöster

Bulgarian Monasteries · Les monastères de Bulgarie

Bulgarien war lange Zeit der gefährlichste Gegner des byzantinischen Reiches. Dann wurden die Bulgaren nicht weniger als 500 Jahre von den Türken beherrscht. Die Sympathie, die das kleine Bauernvolk für die Russen empfindet, geht auf jene Zeit zurück. Das Schipka-Kloster mit seinen vergoldeten Kuppeln, das aus dem letzten Jahrhundert stammt, ist mehr ein politisches als ein religiöses Monument. Beim Schipka-Paß schlugen nämlich im Jahr 1878 5000 Russen und Bulgaren 25000 Türken zurück. Dort fand die entscheidende Schlacht im Russisch-Türkischen Krieg statt, der Bulgarien die Selbständigkeit brachte.

So denken wir beim Stichwort Bulgarien weniger an das griechelnde Land, das wenig Farben hat, mit seinen Rosen-, Tabak- und Tomatenfeldern. Wir denken weniger an Knoblauch und Yoghurt, an Gurkensuppe, Paprika und Pilze. Wir vergessen den unseligen Fremdenverkehr, der Urlaubsmaschinen mit künstlichen Namen wie „Sonnen-" oder „Goldstrand" aus der Wildnis entstehen ließ, wo der Gast nach der Härte seiner Währung bewertet wird, wo Quallen einem tagelang das Baden verleiden, wo schlecht bezahlte, zwangsverpflichtete Kellner mürrisch bedienen, wo man um einen Sonnenschirm kämpfen und nach genormten Touristenmenüs Schlange stehen muß, wo Installationen nicht funktionieren und wo unsere Landsleute den Brüdern aus der DDR, deren Funktionäre diesen den

For a long time Bulgaria was the most dangerous enemy of the Byzantine Empire. Then the Bulgarians in turn were dominated for no less than 500 years by the Turks. The sympathy this small farming people has for the Russians dates back to this period in time. The Shipka Monastery with its century-old golden domes is more a political than a religious monument. At the Shipka pass 5,000 Russians and Bulgarians threw back 25,000 Turks in 1878. The decisive battle of the Russian-Turkish war took place there, finally bringing the Bulgarians independence.

And so when we hear the name of Bulgaria we do not think so much of that somewhat colourless Greekish country and its rose, tobacco, and tomato fields. We hardly think of garlic and yoghurt, cucumber soup, paprika, and mushrooms. We forget the unholy tourism which stamped artificial names such as Sun Beach or Golden Beach out of the wilderness like a machine; where the guest is assessed according to the strength of his currency; where jelly fish can ruin bathing for days on end; where poorly paid, conscripted waiters sullenly serve; where one has to fight for a sunshade, and queue for standardized tourist menus; where the plumbing does not work; and where "East" Germans (on official order) may not mix with "West" Germans who in the early hours of the morning on the beach prove to themselves

La Bulgarie fut pendant longtemps l'ennemie la plus dangereuse de l'Empire byzantin. Ensuite, les Turcs dominèrent les Bulgares pendant 500 ans. La sympathie que ce petit peuple de paysans éprouve pour les Russes, date de cette époque. Le cloître de Chipka aux coupoles dorées, construit au siècle dernier, est un monument plus politique que religieux. En effet, en 1878, près du col de Chipka 5000 Russes et Bulgares repoussèrent 25000 Turcs. Ce fut le combat décisif de la guerre russo-turcque, qui rendit l'indépendance aux Bulgares.

Ainsi, en ce qui concerne la Bulgarie, nous pensons moins à l'influence grecque dans ce pays, pauvre en couleurs, avec ses champs de roses, de tabac et de tomates. Nous oublions presque l'ail et le yaourt, la soupe aux concombres, le paprika et les champignons. Nous négligeons ce tourisme fatal qui a fait sortir du désert ces machines à vacances appelées artificiellement «Plage du soleil» ou «Plage d'or», où le touriste est taxé d'après le cours de sa monnaie, où les méduses vous empêchent, pendant des jours, de vous baigner, où des garçons mal payés font un service forcé, avec mauvaise humeur, où l'on doit se battre pour un parasol et où l'on doit faire la queue pour avoir un menu touristique imposé, où le sanitaire ne fonctionne pas et où nos compatriotes allemands, ingurgitent, dès le matin, du champagne sur la plage, pour démontrer la mauvaise qualité du communisme à leurs

Umgang mit uns verbieten, schon am frühen Morgen am Strand sektsaufend beweisen, wie mies der Kommunismus ist.

Aber wir erinnern uns an die Klöster, in die sich die Kultur zurückgezogen hat, an die Ikonen, die mit Vorliebe Reiterheilige darstellen. An das abweisende Viereck des Rila-Klosters hoch in den Bergen mit seinen zweifarbigen Arkadengängen und den bunten Wandmalereien, auf denen die Sünder und die Teufel so viel kurzweiliger geschildert werden als die Engel und Heiligen. An die Wallfahrten, zu denen die Bauern mit Sack und Pack kommen, auf den Galerien und in den Gängen des Klosters ihr Strohlager aufschlagen und ihre Suppe kochen. An den Empfang beim schwarzbärtigen Abt in weißer Kutte, der uns Klosterschnaps und Süßigkeiten anbot und so kurzweilig vom Leben auf dem Athos zu berichten wußte. Nicht zuletzt aber an die bürgerlichen Viertel der Städte, die museal erstarrt sind, weil die Gesellschaft nicht mehr lebt, für die solche Häuser gebaut wurden. An die Schuster, Drechsler, Müller, Färber, Kupferschmiede, Zuckersieder und Goldschmiede, die nur noch im ethnographischen Museum ihrer Arbeit nachgehen, an bulgarisches Handwerk, das sich auf der Touristenszene entfaltet.

just how bad Communism really is while downing bottles of champagne.

We think far more of the monasteries in which civilisation took refuge; of the icons which usually show holy knights; of the repelling quadrangle of the Rila Monastery high in the mountains with its two-coloured arcades and the colourful wall paintings on which the sinner and the devil are more amusingly depicted than the angels and the saints; of the pilgrimages with their sack and pack farmers, who overnight on straw mats in the monastery galleries and cloisters and cook their soup; of the reception by the black-bearded abbot in his white cowl offering us monastery liqueurs and sweetmeats, telling us in such amusing fashion about life on Athos; and finally of the middle class districts of the towns which have remained as though part of a museum because the society no longer exists for whom such houses were once built; of the shoemaker, carpenter, miller, dyer, coppersmith, sugar-refiner, and goldsmith, who now carry out their trade in ethnographic museums; of Bulgarian handicraft displayed for the tourists.

frères de la R.D.A. qui ont interdiction officielle de nous contacter.

Mais nous nous rappelons les monastères, où la culture s'est retirée, les icônes, qui ont un faible pour la représentation des Saints cavaliers. Le carré hostile du cloître de Rila, perché dans la montagne, ses galeries aux arcades bicolores, ses fresques de toutes couleurs, où les pécheurs et les diables peints sont plus divertissants que les anges et les Saints. Les pèlerinages, où les paysans arrivent, avec armes et bagages, pour installer leur paillasse dans les galeries et les couloirs du cloître, où ils cuisent aussi leur soupe. L'accueil de l'abbé à la barbe noire, vêtu d'un froc blanc, qui nous offrit une liqueur du monastère et des douceurs et fit une description fort intéressante de la vie à Athos. Nous nous rappelons encore les quartiers bourgeois de la ville, qui sont figés comme des espèces de musées, parce que la société, pour laquelle ces maisons avaient été construites, n'existe plus. Les cordonniers, les tourneurs, les meuniers, les teinturiers, les chaudronniers, les bouilleurs de sucre et les orfèvres relégués pour leur travail au musée ethnographique. L'artisanat bulgare qui vit pour les touristes.

Wechselspiel

Interplay · Changement de décor

So sympathisch das bulgarische Land und sein freundliches Volk sind, ich muß bekennen, daß ich aufgeatmet habe, als ich wieder auf jugoslawischem Boden war. In keinem anderen Land ist mir aufgefallen, wie grau der Sozialismus färbt, wenn er zur Diktatur der Bürokratie pervertiert. Noch immer sprechen die Bulgaren vom türkischen Joch, und man unterdrückt aus Takt die Frage, ob sie denn heute so leben können, wie sie wollen. Noch immer sind es die Kirchen, die ein Stück alte bulgarische Kultur bewahren. In dem selbstgefälligen Satz, die Bulgaren seien die Preußen des Balkans, steckt doch ein Stückchen Wahrheit. Denn wie in der DDR erscheinen die bulgarischen Funktionäre als allzu folgsame Schüler des kommunistischen Systems, das keine Abweichungen gestattet und so freud- und humorlos ist. Wo in Polen, Ungarn und in der Tschechoslowakei Charme und Humor gegen die Bürokratie und Gleichmacherei opponieren, da weht in Bulgarien der Mief des aufgezwungenen Regimes: Krankenhausgeruch nach Desinfektionsmitteln in Hotels und Restaurants, in Betten und Decken, der den Abschied von den sogenannten sozialistischen Staaten so angenehm macht. Und wie in der DDR findet man kaum eine behagliche Kneipe, in der auch Konnex mit der Bevölkerung möglich ist.

So fällt bei der Rückkehr nach Jugoslawien, dessen Sozialismus ein menschlicheres Gesicht trägt, zunächst einmal die Farbe auf, welche

As charming as the Bulgarian countryside and its friendly people are, I must admit that I heaved a sigh of relief on entering Jugoslavia again. No other country impressed on me so much just how *triste* Socialism can be when it becomes perverted into a dictatorship of bureaucracy. The Bulgarians still talk of Turkish subjugation, the question as to whether they can live as they wish is tactfully suppressed. As before it is the churches that manage to keep a piece of the old Bulgarian civilisation alive. The complacent sentence that the Bulgarians are the Prussians of the Balkans contains an element of truth. As in the GDR Bulgarian officials appear to be all too obedient pupils of the communist system, a system permitting no deviation from the norm, completely lacking humour and gaiety. Whereas in Poland, Hungary, and Czechoslovakia charm and humour offset bureaucracy and "all things are equal" mania, the fetid air of the obtruding regime blows in Bulgaria: the hospital smell of disinfecting agents in hotels and restaurants, in beds and blankets, all this makes our farewell from so-called socialist states so pleasant. And as in the GDR hardly a cosy pub can be found where contact could be made with the local populace. And so the first thing that strikes one on returning to Jugoslavia, whose socialism shows more human traits, is the colour the advertising lightly dabs onto our lives. But not advertising for mouse-grey civil servants

Pour sympathiques que soient le pays bulgare et son aimable peuple, je dois reconnaître avoir poussé un soupir de soulagement, quand j'ai repris contact avec la terre yougoslave. Jamais dans un autre pays je n'ai ressenti, comme là, la grisaille du communisme, quand on l'a perverti à la dictature de la bureaucratie. Aujourd'hui encore, les Bulgares parlent du joug turc, et le tact nous empêche de leur demander, s'ils peuvent vivre, maintenant, comme ils le veulent. Il y a un brin de vérité dans cette affirmation excessive qui prétend que les Bulgares sont les Prussiens du Balkan. Car, comme en R.D.A., les fontionnaires bulgares semblent être les élèves trop dociles de ce système communiste, si triste et sans humour, qui n'accepte aucune divergence à la règle. Alors qu'en Pologne, en Hongrie et en Tchécoslovaquie le charme et l'humour font opposition à la bureaucratie et à l'uniformité, en Bulgarie au contraire, on sent l'odeur de renfermé d'un régime imposé: une odeur d'hôpital et de désinfectants dans les hôtels et les restaurants, dans les lits et les couvertures, qui rend si facile la séparation d'avec ces états prétendus socialistes. Et comme en R.D.A., on n'y trouve aucun bistro où on pourrait entrer en contact avec la population.

Ainsi, ce qui nous frappe, de retour en Yougoslavie, dont le socialisme a un visage plus humain, ce sont d'abord les taches de couleur de la publicité. Mais ce n'est pas une publicité pour des fonctionnaires gris souris, dont nous

die Werbung in unser Leben tupft. Aber
nicht Werbung für mausgraue Funktionäre,
deren Bilder und Sprüche uns in Bulgarien auf
Schritt und Tritt anöden. Werbung für
Gebrauchsgegenstände. So schlimm uns, dem
Konsumzwang Ausgesetzten, manchmal die
Werbung erscheint – in den sozialistischen
Ländern wird sie zum bescheidenen Signal
von Individualismus und Lebensfreude.
Vielvölkerstaat Jugoslawien, dessen Bewohner
jahrhundertelang von Türken, Österreichern,
Ungarn besetzt waren. Brandherd des Ersten
Weltkriegs. Jugoslawien, dessen Stämme heute
noch ihre Zwiste im Exil austragen.
Seine Heuschrecken sind die Ziegen, die in den
Karstgebieten alles keimende Grün radikal
abfraßen. Nur ein Diktator konnte sich einen
Radikalenerlaß gegen diese Tierart leisten.
Aber das ist nicht das Thema unserer
Betrachtungen. In diesem Buch hat Jugo-
slawien ans Wasser gebaut.
Wasser in Europa als Lebensnotwendigkeit.
Wassermonopol als Macht, wie sie die Mafia
in Sizilien besitzt. Einem das Wasser abgraben.
Wasser als Energielieferant.
Wasser als Antrieb für Mühlen. Merkwürdig,
wie sie sich in einem sozialistischen Staat
privatisiert, individualisiert zeigen. Am Pliva-
See hochbeinige Häuschen, alle vom gleichen
Typ. Ein Verein von Mühlen. Wasser als
Voraussetzung der Fruchtbarkeit. Flüsse, die
Deltas bilden. Die Neretva, eilends aus den
Felsenschluchten von Mostar herabgestürzt,

whose portraits and aphorisms bore us
wherever we go in Bulgaria. Advertisement for
useful articles. As disagreeable as the adverts
and their consumption is to us – in socialist
countries it is the modest flickering of individualism and joy of life.
The many-peopled state of Jugoslavia, whose
inhabitants were dominated for centuries by
the Turks, Austrians, and Hungarians.
Incendiary point for the First World War.
Jugoslavia, whose peoples carry out their
quarrels outside their country even today.
Its locusts are the goats, goats which radically
consume all budding greenery on the Karst
plateau. Only a dictator could permit himself
to pass a massive edict against this animal.
But that is not the subject of our meditations.
In this book Jugoslavia has built on the
waterside.
Water in Europe as a necessity for life.
Monopoly of water is power, such as the
Mafia have in Sicily. Water as energy.
Water as motor for the mills. It is strange
how private and individual they are in a
socialist state. On Lake Plitrice there are long-
legged houses, all of the same sort. A plethora
of mills. Water as prerequisite for fertility.
Rivers that form deltas. The Neretva hurriedly
thrown down from the rocky gorge of
Mostar, stops before the estuary and looks
almost like East Asian floating gardens.
Flowers, fruit, vegetables, in front of a background of thirsty barrenness.

rencontrons, à chaque pas, en Bulgarie les
photographies et les paroles assommantes.
C'est une publicité pour des objets usuels.
Pour fâcheuse que nous apparaisse quelque-
fois la publicité à laquelle nous sommes, sans
arrêt, livrés dans les pays socialistes elle est
le signe de l'individualisme et de la joie de vivre.
La Yougoslavie, ce creuset de peuples, dont
les habitants ont été occupés, durant des siècles, par les Turcs, les Autrichiens et les Hon-
grois. Tison de discorde de la première guerre
mondiale. La Yougoslavie dont les peuples
règlent, aujourd'hui encore, leurs querelles en
exil.
Les sauterelles de ce pays étaient les chèvres
qui, sur les plateaux du Carso, dévoraient toute pousse naissante. Seul un dictateur pouvait
se permettre de promulguer une ukase contre
cette espèce animale. Mais ce n'est pas le sujet
de nos considérations. Dans ce livre, la Yougoslavie a construit au bord de l'eau. L'eau
est, en Europe, une condition de survie. Le
monopole de l'eau garantit le pouvoir, tel que
le possède la mafia en Sicile. L'eau est une
source d'énergie.
L'eau est la force motrice des moulins. Eton-
namment ils ont, dans un pays socialiste, des
allures individuelles de propriété privée. Au
bord du lac Pliva, on aperçoit des maisonnet-
tes perchées sur de longs pieds, toutes du même type. Une pléiade de moulins. L'eau con-
ditionne la fertilité. Des fleuves qui forment

verhält vor ihrer Mündung und bietet in den Kulturen ihres Deltas fast den Anblick ostasiatischer schwimmender Gärten. Blumen, Frucht, Gemüse, Obst vor dem Hintergrund durstiger Unfruchtbarkeit.

Die sich in viele Arme auflösenden Mündungen der Donau, der Rhône, des Rheins, der Wolga. Wasserstraßen Europas. Grachten in Amsterdam, Kanäle in Venedig. Die Wasserstadt Stockholm. Wasser als Sonnenspeicher und Wasser als Schutz. Die natürliche Wasserburg England. Die unbewehrte Insel Kreta, deren Lage ihren Bewohnern so viel Sicherheit garantierte, daß sie an keine Abwehr durch Mauern und Zinnen dachten.

Die dalmatinischen Inseln als Küstenschutz, Wärmefang, Touristenattraktion. Die jugoslawische Küste als ständiges Wechselspiel von Welle und Strand, Wasser und Fels. Buchten, in denen Berge das Meer umarmen, geradezu ein Symbol körperlicher Liebe.

Europa, Land der kleinen und mittleren Seen. Bodensee, Ilmensee, Plattensee, Genfer See, Vänersee, Lago Maggiore. Die besondere Lieblichkeit der Seenlandschaft. Seen als Thermostaten, im Sommer Frische bewahrend, im Winter Wärme ausstrahlend. Seen, die terrassenförmig übereinandergelagert sind, sich in Wasserfällen dem Nachbarn mitteilen. Fels von Wasser gehöhlt, Schlupfwinkel und Fundament für Schlösser und Burgen. Gegensatz von gewachsenem und gebautem Stein, von Architektur und Natur.

The Danube, the Rhone, the Rhine, the Volga spread their many-armed estuaries. Waterways of Europe. Canals in Amsterdam and Venice. The water city of Stockholm. Water as storer of solar energy and water as means of defence. The natural water castle England. The unprotected island of Crete whose position offered its inhabitants such a degree of safety that they didn't even think of building defensive walls and battlements.

The Dalmatian islands as coastal defence, soaking up warmth, tourist attraction. The Jugoslavian coasts as a permanent interplay between waves and beach, water and cliffs. Bays where the mountains embrace the sea, a candid symbol of physical love.

Europe, land of small and middle-sized lakes. Lake Constance, Lake Ilmen, Lade Balaton, Lake Geneva, Lake Vänern, Lake Maggiore. The special attractiveness of the lakescape. Lakes as thermometers, keeping freshness in summer, radiating warmth in winter. Lakes in terrace form óne above the other, chatting with their neighbours by means of waterfalls. Cliffs carved out by the water, hiding-place and foundation for castles and forts. Foil to natural and building stone, to architecture and nature.

des deltas. La Neretva qui descend en torrent les gorges de Mostar ralentit à l'embouchure et les cultures de son delta ressemblent presque aux jardins flottants de l'Est de l'Asie. Des fleurs, des légumes et des fruits avec, pour arrière-plan, une terre aride et assoiffée.

Le Danube, le Rhône, le Rhin et la Volga déploient les multiples bras de leur embouchure. Les voies fluviales d'Europe. Des canaux à Amsterdam, d'autres canaux à Venise. Stockholm est placé sous le signe de l'eau. L'eau est un réservoir solaire et l'eau est une défense. L'Angleterre se dresse comme un château fort naturel. Crète, cette île désarmée, garantissait, par sa situation, une telle sécurité à ses habitants, qu'ils n'avaient pas pensé à l'entourer de remparts et de créneaux défensifs.

Les îles de Dalmatie défendent la côte, la protègent du froid et attirent le touriste. Sur la côte yougoslave il y a alternance incessante entre les vagues et la plage, l'eau et les rochers. Des baies et des montagnes qui embrassent la mer, selon le symbole de l'union physique. L'Europe est le pays des lacs de petite et moyenne taille. Le lac de Constance, le lac d'Ilmen, le Balaton, le lac Léman, le lac de Vener, le lac Majeur. Le charme particulier de ces paysages de lacs. Les lacs sont des thermostats qui gardent la fraîcheur en été et qui dégagent de la chaleur en hiver. Des lacs, en terrasse superposées, communiquent leurs cascades aux voisins.

Dame Donau

Lady Danube · Monsieur Danube

Der längste und mächtigste Fluß Europas ist die Wolga. Während sie aber national, ihrem Lande treu bleibt, ist die Donau eine internationale Globetrotterin, die einen großen Teil ihres Erdteils erfahren will und immer wieder Landschaft und Gewand wechselt. Zweimal schon habe ich sie befahren. Mit einer Ulmer Schachtel bis Wien, von dort bis an die Mündung mit dem russischen Motorschiff „Amur".

Sie ist eine Dame von nobler Herkunft. Im Park des Fürsten zu Fürstenberg zu Donaueschingen – konservatives Bier und progressive Musik – heiraten die Schwarzwaldbäche Brigach und Breg und heißen jetzt Donau. Das Mädle schlägt in seiner Jugend landschaftlich ganz schön über die Stränge, ist undicht, läßt Wasser, das zwölf Kilometer weiter südlich aus dem Aachtopf in den Bodensee fremdgeht und im Rhein zur Nordsee eilt. In der alten Reichsstadt Ulm spiegelt sie das Münster, lupft den Rock, verläßt ihr Heimatländle, behält bis Regensburg ihre Jungfräulichkeit und hat erst von da an Verkehr. Zuvor aber sträubt sie sich, beißt sich in ihrer Pubertät in die Felsen des Fränkischen Jura und wird erst unter dem Joch der Regensburger Steinbrücke fügsam. Jetzt läßt sie sich willig die schweren Schiffe der zungenbrecherischen Donaudampfschiffahrtsgesellschaft auf den Buckel packen. Gleich hinter Regensburg sieht sie den griechischen Tempel mit dem germanischen Namen Walhalla auf

The longest and mightiest of all European rivers is the Volga. Whereas it remains true to its country of origin, the Danube is an international globetrotter trying to get to know the land around it as much as possible, forever changing landscape and attire. I have navigated it twice. With a flat Danube transport ship to Vienna, and from there to the estuary with the Russian motorboat *Amur*.

The Danube is a lady of noble birth. In the park of Prince zu Fürstenberg at Donaueschingen – traditional beer and modern music – the little Black Forest brooks of the Brigach and the Breg marry and rename themselves the Danube. Our young lassie then gets nicely out of control in the landscape, even springing a leak and letting out water from the Aachtopf seven miles south into Lake Constance which then hurries to the North Sea via the Rhine. In the old imperial city of Ulm the minster is reflected in her mirror, she hoists up her skirt, leaves her homeland, retaining her virginity up to Regensburg before mixing with others. Before this she struggles and in her puberty bites into the cliffs of the Franconian Mountains and only becomes submissive under the yoke of Regensburg's stone bridges. Now she gives in and willingly allows the heavy ships of the Danube Steamship Company to ride her back. Immediately following Regensburg she can see the Greek temple with the Germanic

Le fleuve le plus long et le plus puissant d'Europe est la Volga. Mais tandis qu'elle reste nationale, fidèle à sa patrie, le Danube est un globe-trotter international qui veut faire connaissance d'une grande partie de son continent et qui change, sans arrêt, de paysage et d'habit. Deux fois déjà, j'ai navigué sur son cours. Un bateau d'Ulm m'a emmené jusqu'à Vienne, où un bateau à moteur russe, «l'Amur», m'a pris en charge jusqu'à l'embouchure.

C'est un gentilhomme de noble naissance. Dans le parc du prince de Fürstenberg, à Donaueschingen, connu pour sa bière conservatrice et sa musique progressiste, les rivières originaires de la Forêt-Noire, la Brigach et la Breg, s'unissent et prennent le nom de Danube. Pendant sa jeunesse, ce gaillard dépasse les bornes avec entrain, il a des fuites, perd son eau qui, à 12 kilomètres plus au sud, sort de l'Aachtopf et se lie avec le lac de Constance pour se sauver, dans le Rhin, vers la mer du Nord. Dans la vieille ville franche d'Ulm, il reflète la cathédrale, lève les basques de son habit, quitte sa petite patrie, garde sa virginité jusqu'à Ratisbonne; et c'est seulement à partir de là qu'il commence à faire du trafic. Mais d'abord il se cabre, ronge sa puberté dans les rochers du Jura franconien et se range enfin sous le joug du pont en pierre de Ratisbonne. Puis, volontiers, il prend en charge sur son dos les lourds bateaux de la société de navigation du Danube. Sur les hauteurs il

der Höhe liegen. Das weckt in ihr die Sehnsucht nach dem Süden. Sie ändert ihren Lauf, von Böhmerwald und Alpen sanft geleitet, strebt sie jetzt mit leiser Südtendenz nach Osten und wird dafür mit vielen barocken Fassaden und Zwiebeltürmen belohnt. Sie läßt den Bayerischen Wald links und Vilshofen rechts liegen. In der alten Bischofsstadt Passau nimmt sie Ilz und Inn in sich auf und bildet eine Trikolore, das blaue Wasser der Ilz, ihr eigenes braunes und das türkisgrüne des Inn unvermischt nebeneinander führend, bevor sie über eine Staustufe Österreich betritt. Sie katzbuckelt ums liebliche Mühlviertel, fließt an Linz vorbei, äußert ungebärdig ihren ledigen Unwillen noch einmal in den Strudeln von Grein, weicht der Wachau zuliebe wieder ein wenig nach Norden ab, weil ihr Wein als Beruhigungsmittel verschrieben worden ist. Außerdem wird sie immer wieder mit Stauwehren, Schleusen und Kraftwerken gebändigt. Stift Melk grüßt mit seiner prächtigen Fassade, Bruckner orgelt, Weinberge hängen wie Schabracken an ihren Ufern, sie murmelt das Nibelungenlied und hat Strohkränze ausgesteckt, die zum Heurigen laden. Sie spiegelt Wien und den Steffel, Mozart, Beethoven und Brahms musizieren ihr zu, aber sie ist gar nicht so blau, wie sie Johann Strauß verdreivierteltaktet, sondern braun, und wenn es novembert, nimmt sie die Morbidezza von Wien mit: Nebel um die Jugendstilmonumente des Stadtparks, der jetzt statt von Amerikanern

name of Valhalla resting on the heights. This awakes in her a longing for the south. She changes direction, gliding smoothly through the Bohemian Forest and the Alps, then thrusting slightly southwards to the East and is rewarded with many Baroque façades and onion-shaped domes. She leaves the Bavarian Forest behind her on the left and Vilshofen on her right. In the ancient episcopal of Passau she swallows up the Ilz and the Inn and forms a tricolour, the blue water of the Ilz, her own brown and the turquoise of the Inn flowing their own way without mixing, side by side. She then enters Austria via a barrage, bends round charming mill areas, flows past Linz, expresses her maidenly impatience again in an unruly manner in the Grein rapids, deviates slightly to the north again just to please the Wachau because her wine was blackmarketed as a sedative. She is continually being tamed by weirs, sluices, and power plants. Abbey Melk waves her a greeting with its splendid façade, Bruckner plays the organ, vineyards hang over her banks like saddle-cloths, she hums the song of the Nibelungs, and puts on straw garlands – an invitation to *Heurige*. She mirrors Vienna and the Stephan's Cathedral; Mozart, Beethoven, Brahms, make music for her. But she is nothing like as blue as in Johann Strauss' waltz, rather she is brown and in November she carries the *morbidezza* of Vienna with her: Mist surrounding the *art*

voit, juste après Ratisbonne, le temple grec au nom germanique de Walhalla. Il se prend alors de nostalgie pour les pays du Sud. Il change son cours, se plaît dans la compagnie du Boehmerwald et des Alpes, puis il prend la direction de l'est avec une légère tendance vers le sud et reçoit, en récompense, de nombreuses façades baroques et des coupoles en forme d'oignon. Il laisse la Forêt Bavaroise sur la gauche et Vilshofen à droite. C'est à Passau, vieil évêché, qu'il absorbe l'Ilz et l'Inn, forme avec eux une tricolore, où se côtoient, sans se mélanger, l'eau bleue de l'Ilz, sa propre eau terreuse et le courant vert turquoise de l'Inn; puis il pénètre en Autriche, après avoir enjambé la marche d'un barrage. Il fait un dos rond de chat autour d'un quartier de moulins, dépasse Linz, exprime, encore une fois, son courroux indompté dans les remous de Grein, s'écarte un peu vers le nord pour l'amour de la Wachau, parce qu'on lui a prescrit du vin pour se calmer. En plus, on le dompte, sans arrêt, avec des barrages, des écluses et des centrales hydrauliques. Le cloître de Melk le salue de sa merveilleuse façade, Bruckner joue des orgues, des vignobles sont étendus comme des caparaçons sur ses rives, il murmure l'épopée des Nibelungen et il présente des couronnes de paille qui invitent au vin nouveau. Il reflète Vienne et le Steffel, Mozart, Beethoven et Brahms lui dédient leur musique, pourtant il n'est pas aussi bleu que dans les valses de Johann Strauss, mais brun,

von Kolkraben bevölkert ist, Qualtinger-
geraunze, Wagnertrompeten aus der Staats-
oper und Brueghels Winterbild vom Bethle-
hemitischen Kindermord im Kunsthistorischen
Museum.
Hinter Wien läßt sie sich Zeit und stößt das
Tor zum Balkan auf. Die Slowakei schiebt
sich mit der Schulter ans Donauufer und
sagt Grüße vom Soldaten Schwejk, der dem
Druck der Mächtigen durch nachgiebige
Naivität standhielt. Rechts Fischerhäuser auf
Stelzen, aufgehängte Fangnetze. Ungarn legt
seine alte Hauptstadt Preßburg an die Donau
und löst am rechten Ufer Österreich ab. Von
Estergom herunter blickt klassizistisch streng
die ehemalige Krönungskirche der ungarischen
Könige, die Donau biegt das Knie und nimmt
schnurgeraden Kurs auf Süden, um Budapest
nicht auszulassen. Das Land erinnert an
Gulasch und Paprika und Borstenvieh und
Schweinespeck, Czardasfürstin und Zigeunerbaron und bietet Städtenamen wie Székesfehérvár an, von denen zehn zum Aus-
wendiglernen als Strafarbeit für Schulkinder
genügen.
Budapest kündigt sich schon lange vorher mit
Ruderbooten, Kanus, Wochenendhäusern,
Schwimmern und Brücken an. Dann fährt das
Parlament vorbei, ein Beispiel großartigen,
ungemein pittoresken Kitsches, die Zitadelle,
die Fischerbastei, die Burg, der Gellertsberg,
die Kettenbrücke, k.u.k.-Erinnerungen unter
bröckelnden Fassaden. Zigeunermusik und

nouveau monuments of the city park, peopled
now by common ravens instead of Americans,
mumbling by Qualtinger, Wagner trumpets
from the State Opera, and Bruegel's winter
painting of Bethlehemian infanticide in the
Art History Museum.
Leaving Vienna behind she dawdles and then
throws open the gate to the Balkans. Slovakia
thrusts its shoulder up to the Danube banks
and sends greetings from Soldier Schweik
who withstood the pressure of the mighty
with easy-going naïvety. On the right are
fishermen's homes on stilts, fishing nets are
strung up, Hungary's old capital of Pressburg
lies by the Danube and relieves Austria on
the right bank. Estergom, the former church
where the Hungarian kings were crowned
looks down, is severely classical, the Danube
curtsys and then drives directly southwards
to make sure Budapest is not forgotten. The
countryside reminds one of goulash and
paprika, hogs and bacon, Czardas princes and
gipsy barons, with town names such as
Székesfehérvár, ten such names being more
than enough extra-work for naughty school-
children to write out. Budapest makes itself
known well in advance with its rowing boats,
canoes, weekend houses, swimmers and
bridges.
Then Parliament flows past, an example of
splendid, incredibly picturesque gaudiness, the
citadel, the fishing bastion, the castle, the
Gellert Hill, the Chain Bridge. Memories of

et en novembre il emporte la morbidesse de
Vienne: il y a du brouillard autour des monuments «modern style» du Parc de la ville, où
des corbeaux ont remplacé maintenant les
Américains, on entend maugréer l'acteur Qualtinger et résonner les trompettes wagnériennes
de l'Opéra, on voit le tableau hivernal de
Brueghel «Le Massacre des Innocents» au
Musée de l'Art.
Après Vienne, il prend son temps et ouvre la
porte des Balkans. La Slovaquie se pousse de
l'épaule vers les rives du Danube et apporte
le salut du soldat Schwejk, qui résista, avec
une naïveté pleine de souplesse, à la pression
des puissants. A gauche, on aperçoit des maisons de pêcheurs sur des échasses, des filets
suspendus, la Hongrie pose au bord du
Danube sa vieille capitale, Presbourg, et relaie
l'Autriche sur la rive droite. Avec une rigueur
toute classique, l'ancienne église du sacre des
rois de Hongrie se dresse sur Estergom. Le
Danube plie le genou et met le cap droit vers
le sud, pour ne pas manquer Budapest. Ce
pays rappelle le goulasch, le paprika, les cochons et le saindoux, la princesse des Czardas, le Zigeunerbaron et présente des noms de
ville comme Székesfehérvár; une dizaine de
ces noms, à apprendre par cœur, pourrait servir de punition à un écolier.
Budapest s'annonce bien à l'avance, avec ses
barques, ses canoës, ses pavillons de weekend, ses baigneurs et ses ponts. Puis le Parle-
ment passe, exemple d'un kitsch formidable et

Fischepörkölt. Und damit der Abschied leichter werde, ein abscheuliches Siegesdenkmal.

Madame Donau wird geruhsam, spaziert füllig und träge durch die Puszta, putzt sich mit unerhörten Sonnenuntergängen heraus, läßt Ziehbrunnen gegen den Himmel stochern. An ihren Ufern kleine Mühlen und Gänseherden. Auf ihrem Rücken Raddampfer, Schlepper und Frachtkähne aus aller Herren Ländern. Nun betritt sie Jugoslawien. Sonnenblumenfelder und romantische Dörflein in der Batschka erinnern an die Zeit, da Maria Theresia auf Ulmer Schachteln deutsche Soldaten und Siedler die Donau herunter kommandierte. Die Burg Vukovar weist auf die Türkenherrschaft hin. Peterwardein soll König Etzels Residenz gewesen sein, und eine Brucken zwischen Stadt und Festung Belgrad erinnert an Prinz Eugen, den edlen Ritter. Kuppeln demonstrieren, daß wir jetzt in den Bereich des russisch-orthodoxen Glaubens geraten. Mächtige Weiden, Akazien und Pappeln verschönen das Donauufer. Bisweilen verzweigt sich der Fluß, umarmt eine Insel. Rumänien schiebt sich ans nördliche Donauufer. Und immer wieder Wachttürme als Symbol brüderlichen Mißtrauens. Bald nehmen die Ausläufer der Karpaten und die der Alpen den Fluß in die Zange. Auf einen Felsen mitten im Strom ließ ein Sultan seine ungetreue Gattin schmieden, mit ihrem Bekenntnis „Babakei – ich bereue" gab sie dem

imperial days under flaking façades. And just to make the farewell less difficult, a frightful victory monument.

Our lady Danube becomes peaceful, wanders comfortably and slothfully through the Puszta, spruces up with unforgettable sunsets, picks her teeth with draw-wells outlined against the sky. Small mills and flocks of geese enliven her banks. Paddle-steamers on her back, draggers and freight boats from all countries. And now she enters Jugoslavia. Sunflower fields and romantic villages in the Batschka remind us of the days Maria Theresa commanded German soldiers and settlers to go down the Danube on flat transport ships. Castle Vukovar recalls Turkish dominance. Peterwardein was apparently once King Etzel's residence, and a bridge between the city and fortress of Belgrade reminds us of Prince Eugen, the noble knight. Domes show that we are now within the reaches of the Russian Orthodox Faith. Mighty fields, acacias and poplars brighten the Danube bank. For a while the river splits and embraces an island. Roumania pushes itself against the northern Danube bank. Repeated watchtowers as symbol of sisterly mistrust. Soon the forerunners of the Carpathians and the Alps hem in the river. In the middle of the rushing water, on a rock, a sultan chained his unfaithful wife and with her confession "Babakei – I repent" she gave the cliff its name. The castle Golubac and the Greden

très pittoresque, la Citadelle, le Bastion des Pêcheurs, le Château, le Mont Gellért, le Pont Suspendu – de vieux souvenirs cachés de la monarchie, sous des façades cassurées. De la musique gitane et du ragoût de poisson. Et pour faciliter les adieux: un affreux monument de la victoire.

Monsieur Danube se calme, il s'étale et paresse à travers la Puszta, se pare de coucher de soleil inouïs, dresse vers le ciel des piquets de puits. On voit, sur ses rives, de petits moulins et des troupeaux d'oies. Il porte, sur son dos, des bateaux à roue, des remorqueurs et des péniches de tous les pays. Maintenant, il entre en Yougoslavie. Des champs de tournesols et des hameaux romantiques dans la Bačka rappellent l'époque où Marie-Thérèse faisait descendre le Danube à des soldats et colons allemands, sur de petits bateaux fabriqués à Ulm. Le château fort de Vukovar, vestige de l'occupation turque. Petrovadarin a été, paraît-il, la résidence du roi Etzel, et un pont entre la ville et la forteresse de Belgrade rappelle le prince Eugène, ce noble chevalier. Des coupoles montrent que nous sommes en terre d'orthodoxie russe. D'immenses paturages, des acacias et des peupliers embellissent la rive du Danube. De temps à autre, le fleuve se divise en deux et il embrasse une île.

La Roumanie se pousse contre la rive nord du Danube. Des miradors se succèdent, symboles de méfiance fraternelle. Bientôt, les contreforts des Carpates et des Alpes serrent le

Felsen seinen Namen. Die Burg Golubac, der Felsen Greden verstellen dem Fluß den Weg, verengen sein Tal, daß es einer norwegischen Fjordlandschaft gleicht, bis schließlich nach dem Korsett des Eisernen Tors die Donau wieder frei atmen, frei fließen kann. Eine Straße, die Kaiser Trajan gebaut hat, begleitet den Fluß ein Stück des Wegs. Und nun tritt Bulgarien, an der Donau aufgehängt wie an einer Wäscheleine, dem Fluß zur Seite, der jetzt für lange Zeit Rumänien und Bulgarien trennt und beweist, wie töricht die Bezeichnung natürliche Grenze ist. Denn ein Fluß trennt die Landschaft nicht. Ein Flußtal bindet wie ein Scharnier die Uferlandschaften zusammen. Auwälder, ausgefressene Ufer, Eichen, unter deren mächtigen Kronen sich Schweine mästen. Schafe, Pferde, Rinder, Gänse in Herden, von Hirten behütet. Weiße Büffel mit gebogenen Hörnern. Moor und Urwald und Mais und Sonnenblumen. Auf den Sandbänken ein Vogelparadies: Fischreiher, Trappen, Rohrdommeln, Flamingos, Enten, Möwen, Kormorane.
In Ruse kam ein alter Herr an Bord. Er war Arzt. Hatte ein fast asiatisches, sehr scharf geschnittenes, kluges Gesicht. Er kam von einer Beerdigung. Er als drittletzter Veteran der Revolte auf dem Panzerkreuzer „Potemkin" in Odessa hatte den viertletzten Kameraden begraben. Er erzählte, wie er als Student mit den Matrosen gegen den Zarismus gekämpft hatte. Er kannte und schätzte Erwin Piscator

cliffs block the river's way, narrowing her valley so that she almost looks like a Norwegian fjord, until finally, freed from the corset of the Iron Gate, the Danube can breath and flow freely again. A road built by Emperor Trajan accompanies the river awhile. And now Bulgaria sides with the Danube like a washing line. Our river separates Roumania and Bulgaria for some time proving how stupid the phrase "natural border" really is. A river does not divide a landscape. A river valley binds the landscapes on both sides together like a hinge.
Woods and meadows, corroded banks, oaks with pigs feeding under their mighty crests. Sheep, horses, cattle, flocks of geese, watched over by shepherds. White buffaloes with curved horns. Moor and maize and primeval forest and sunflowers. A paradise for birds on the sandy banks: Herons, bustards, bittern, flamingoes, ducks, seagulls, cormorants.
At Ruse an old man came on board. He was a doctor with an almost Asiatic, clean cut, intelligent face. He had just come from a burial. As third-last veteran of the revolt on the battleship Potemkin in Odessa he had just buried the fourth-last veteran. He told us how he had fought against the Tsar as a student. He knew and esteemed Erwin Piscator and Leonhard Frank as pugnacious intellectuals. He showed us pictures and was surprised that our daughters had nothing revengeful or fascist about them as he had expected of

fleuve dans leurs tenailles. Un sultan fit enchaîner sur un rocher, au milieu du fleuve, sa femme infidèle, et le rocher porte le nom de son cri de repentir «Babakei – je me repens». Le château fort de Golubac, le rocher de Greden coupent la route au fleuve, encombrent sa vallée, lui donnent l'aspect d'un paysage de fjords norvégien, et c'est seulement après le corset de la Porte de Fer, que le Danube peut à nouveau respirer et couler librement. Une route, construite par l'empereur Trajan lui fait un bout de chemin. Et c'est la Bulgarie, accrochée, comme à une corde à linge, au fleuve qui sépare maintenant pour longtemps la Roumanie de la Bulgarie, ce qui prouve l'absurdité de la définition de frontière naturelle. Car un fleuve ne sépare pas le paysage. La vallée d'un fleuve est la charnière qui réunit les paysages riverains. Des prairies boisées, des rives découpées, des chênes aux cimes puissantes sous lesquelles engraissent des cochons. Des moutons, des chevaux, des bœufs, des troupeaux d'oies gardés par des pâtres. Des buffles blancs aux cornes bombées. Marais, forêt vierge, maïs, tournesols. Sur les bancs de sable, c'est le paradis des oiseaux : des hérons, des outardes, des butors, des flamands, des canards, des mouettes et des cormorans.
A Ruse, un vieux monsieur monta à bord. C'était un médecin. Il avait un visage presque asiatique, aux traits acérés, intelligents. Il revenait d'un enterrement. Il était le troisième

und Leonhard Frank als streitbare Intellektu-
elle. Er zeigte uns Fotos und wunderte sich,
daß unsere Töchter so gar nichts Revan-
chistisches, Faschistoides hatten, wie er es von
Bürgern der Bundesrepublik erwartete. Wir
fanden uns gegenseitig ungemein sympathisch.
Wir versprachen uns, in Zukunft selbst durch
Augenschein zu urteilen, statt uns von
Zeitungen vorurteilen zu lassen. Er war recht
gerührt, als er sich von uns verabschiedete.
Wir winkten ihm lange nach.
Die Donau wendet sich wieder nach Norden.
Ihr Schritt wird unsicher. Sie verästelt sich,
zerteilt das Land, tapst dahin und dorthin,
bildet Inseln, die Baltas heißen, in deren
Sumpf und Dickicht fast ausgestorbene Tiere
vor dem Menschen sicher sind. Sie trägt nun
schon Seeschiffe aus dem Schwarzen Meer auf
ihrem alten, krummen Rücken. Der Pruth
dringt von Norden auf sie ein und stößt sie
dem Tod im Schwarzen Meer entgegen. An
ihrem Ufer stehen Öltürme. In den kleinen
Dörfern islamieren Kuppeln und Minarette. In
Bessarabien tritt die Sowjetunion mit mächtigem
Eroberertritt ans Ufer. Der Fluß wird
schizophren. Er spaltet sich in viele Arme,
schiebt immer wieder neue Inseln vor sich
her, bruddelt noch etwas aus seiner Ulmer
Jugend vor sich hin. Schwarzes Moor-
wasser und grünes Flußwasser vermögen sich
nicht mehr zu mischen. Schwerfällig und auf-
gespalten ersäuft der Fluß im Meer, in das er
noch viele Kilometer hinaus seine Spur zieht.

citizens of the Federal Republic. We took to
each other right away. We swore to base all
future judgements on the evidence of our
eyes, not of the newspapers. He was very
touched as he bade us farewell. We waved
to him long after he had disappeared from
view.
The Danube turns again to the north. Her
gait becomes uncertain. She branches, splitting
the land, gawking here and there, forming
islands called *Baltas* in whose marshes and
thickets rare animals are safe from man. She
now carries sea-going ships from the Black
Sea on her old, bent back. The Prut forces
its way from the north and pushes her to
her death in the Black Sea. Oil tanks stand
on her banks. Islamic domes and minarets
dominate the small villages. In Bessarabia
the Soviet Union strides with all-conquering
steps to her banks. The river becomes schizo-
phrenic, splitting up into many arms, pushing
new islands in front of her. Black brackish
water and green river water can mix no
longer. Ponderously and split up the river
drowns in the sea, leaving its mark for many
miles offshore.

des derniers vétérans qui avaient participé à
la révolte du cuirassier «Potemkine» à Odessa
et il venait d'enterrer son camarade, le numé-
ro quatre. Il raconta la lutte qu'il avait me-
née, étudiant, contre le tsarisme avec les ma-
rins. Il connaissait et il appréciait Erwin Piscator et Leonhard Frank, ces polémistes intel-
lectuels. Il nous montra des photos et s'éton-
nait parce que nos filles n'avaient pas les
manières revanchardes et fascistoïdes qu'il
attendait des citoyens de la R.F.A.
Nous nous trouvâmes extrêmement sympathiques. Nous nous promîmes, à l'avenir, de juger selon ce que nous voyions et de
ne pas nous laisser influencer par les préjugés
des journaux. Il était très ému, quand il nous
dit adieu. Longtemps, nous lui fîmes signe de
la main.
Le Danube se tourne à nouveau vers le nord.
Son allure devient incertaine. Il se ramifie, divise le pays, il va à tâtons, de-ci, de-là, forme
des îles qui s'appellent des baltas, couvertes
de marécages et de fourrés, où des espèces
animales en voie de disparition sont à l'abri
de l'homme. Maintenant il transporte déjà,
sur son vieux dos voûté, des paquebots de la
Mer Noire. La Prut arrive du nord, déverse
ses eaux dans les siennes et le pousse vers la
mort dans la Mer Noire. Des puits de pétrole
se dressent sur sa rive. Des coupoles et des
minarets donnent aux petits villages un air is-
lamique. En Bessarabie, l'Union Soviétique
s'est approchée d'un pas conquérant.

Russischer Salat

Russian Salad · La salade Russe

Bei dem Wort Rußland denken wir an Weite, an Wälder und an Sonnenblumenfelder, an breite Ströme, Birken, hölzerne Bauernhäuser und an Kuppeln, die sich bekreuzigen. Kuppeln mit eingeschnürten Taillen. Zwiebeltürme pludrig wie Türkenhosen, vergoldet, längs- und quergestreift.
Doch dann stülpt sich der Begriff Sowjetunion über den Begriff Rußland. Tschaikowskij leitet über zu Schostakowitsch, byzantinische Kirchenmusik zu patriotischen Jubelchören, Tschechow zu Gorkij, St. Petersburg zu Leningrad, Iwan der Schreckliche zu Stalin. Kulturpaläste wachsen über Kirchenkuppeln, das Dorf bläht sich zur Kolchose. Der Panjewagen wird zum Moskowitch, die Kirche zur Autoreparaturwerkstatt, das psychiatrische Krankenhaus zum Gefängnis für Aufmüpfige. Vorgeprägte Meinungen bilden einen russischen Salat aus Wodka, Tränen, Internationale, Kaviar, Sowjetstern, Kälte, Sputnik und Gulag.
„Rußland – das ist das Land, wo die Menschen einsame Menschen sind, jeder mit einer Welt in sich, jeder voll Dunkelheit wie ein Berg; jeder tief in seiner Demut, ohne Furcht, sich zu erniedrigen, und deshalb fromm", sagt Rilke.
„Religion ist Opium für das Volk", sagt Karl Marx.
Verödete, mit Brettern verschlagene, entfremdete, von Zäunen abgeschirmte Kirchen. Aber fassen wir uns doch an die Nase,

"Russia" makes us think of vast spaces, woods, sunflower fields, broad rivers, beech trees, wooden farm houses, and domes with the sign of the cross. Domes with narrow waistlines. Onion-shaped domes wide as Turkish pants, gilded, striped both horizontally and vertically.
But then the term "Soviet Union" is clapped on top of Russia. Tchaikovsky leads to Shostakovich, Tchekhov to Gorky, St. Petersburg to Leningrad, Ivan the Terrible to Stalin. Palaces of culture tower over church domes, the village blows up to a *kolkhoze*.
The Pan car becomes the Moskvich, the church the garage, the psychiatric hospital the prison for the rebellious. Predetermined opinions form a Russian salad of vodka, tears, Internationale, caviar, Soviet Star, cold, sputnik, and *gulag*.
"Russia is the land where men are lonely, each one his own world, full of darkness like a mountain; deep in his humility, unafraid to humble himself, and thus devout", said Rilke.
"Religion is opium for the people", said Karl Marx.
Desolate, nailed with planks, estranged churches surrounded by fences. But let's put our own house in order first, let's stay at home and don't fool ourselves. The state of Württemberg, too, turns monasteries into asylums, sheds, prisons. Russian churches and monasteries were secularized. God, angels

Le mot Russie évoque pour nous l'espace, les forêts, les champs de tournesols, les fleuves larges, les bouleaux, des fermes en bois et des coupoles qui portent la croix. Des coupoles baroques, en forme d'oignons, bouffantes comme des pantalons turcs, dorées, rayées en long et en large.
Puis la notion d'Union Soviétique remplace celle de Russie. Tchaïkovski mène à Chostakovitch, la musique religieuse byzantine conduit aux hymnes patriotiques, Tchékhov à Gorki, Saint-Pétersbourg à Léningrad, Ivan le Terrible à Staline. Des palais de la culture, dépassent les coupoles des églises, le village se gonfle, devient kolkhose. La charette se transforme en Moskovitch, l'église devient un garage, l'hôpital psychiatrique une prison pour les rénitents. Des opinions toutes faites font une salade russe de Vodka, de Larmes, d'Internationale, de Caviar, d'Etoile russe, de Spoutnik et de Goulag.
«La Russie – c'est le pays, où les êtres sont des êtres solitaires, chacun porte un monde en soi, chacun est plein d'obscurité comme une montagne; chacun, plein d'une humilité profonde, ne craint pas de se rabaisser et c'est pourquoi ils sont pieux», dit Rilke.
«La Religion est l'opium du peuple», dit Karl Marx.
Des églises désertées, clouées de planches, aliénées, entourées de clôtures. Mais occupons-nous de nos propres affaires, restons dans notre pays et ne nous abusons pas.

bleiben wir im Lande, machen wir uns nichts vor. Auch der württembergische Staat machte aus den Klöstern Oberschwabens Irren-anstalten, Remisen, Gefängnisse. Russische Kirchen und Klöster wurden säkularisiert. Gott, Engel und Heilige wurden vertrieben. Die Kreuze auf den Kuppeln der Basilius-kathedrale am Roten Platz in Moskau, an Ketten verankert, sind nur noch dekorativ, haben keinen Symbolwert mehr wie der sie überragende Sowjetstern auf dem Kremlturm. Der Kirchenraum, der sich in Räume ver-schachtelt, ist ein Museum. Die neuen Götter, von denen man schon einen ausquartiert und verbannt hat, liegen im Mausoleum, wo angesichts des kleinen wächsernen Mannes, der kunstvoll einbalsamiert ist, um als ewig zu erscheinen, eine neue Form von Andacht zelebriert wird. Der Blick auf den Leich-nam wird durch das Arrangement stunden-langen Schlangestehens zum Sakrament verklärt.

Die neuen Kathedralen sind die Metrostationen in Moskau. Parteifunktionäre als Heiligen-bilder. Mosaiken wie in Ravenna, Daphni, Byzanz, Monreale. Man kann nicht aus-radieren oder übermalen, und so wurden wie in der Hagia Sophia Köpfe ausgewechselt, wenn sie rollen mußten.

Aber in der Sowjetunion gibt es auch noch Kirchen, in denen getauft wird und die Wohn-waschküchen gleichen. Es gibt Klöster wie Sagorsk, die noch in Betrieb sind, wie der

and saints were thrown out. The crosses on the domes of the cathedral of St. Basil on the Red Square in Moscow, anchored by chains, are only decorative and have no symbolic value any more, unlike the Soviet Star on the tower of the Kremlin. The inside of the church, rooms inserted one into another, is a museum. The new gods, one of whom has already been toppled and banned, lie in the mausoleum where – looking at the small, embalmed man lying so as to appear as if he were everlasting – a new form of devotion is being celebrated. A glance at the corpse is made modern sacrament through hours of queueing.

The new cathedrals are the undergound stations in Moscow. Pictures of party officials instead of saints. Mosaics as in Ravenna, Daphni, Byzantium, Monreale. They cannot be scratched out or painted over, and thus heads were exchanged *in toto* as in the Hagia Sofia when they had to roll.

But there are still churches in the Soviet Union where baptisms take place, looking like laundry houses. There are monasteries such as Sagorsk which are still "functioning" as the interpreter said. An old piece of Russia being preserved or an alibi for those in power?

The many-humped road threw itself over the broad breasted hills. On the horizon the deli-cately articulated points of a tower, ripping the heavily laden cloudy sky with a cross,

L'état du Wurtemberg, lui aussi, a transformé ses cloîtres de la haute Souabe en asiles d'alié-nés, en remises et en prisons. Les églises rus-ses et les cloîtres ont été sécularisés. Dieu, les anges et les Saints ont été chassés. Les croix, ancrées à des chaînes, sur les coupoles de la cathédrale Saint-Basile qui se dresse à Mos-cou, sur la Place Rouge, ont une fonction pu-rement décorative et ne font plus figure de symbole comme l'Etoile soviétique qui les do-mine sur la tour du Kremlin. L'intérieur de l'église, une enfilade de pièces, est un musée. Les dieux nouveaux, dont l'un a déjà été ren-voyé et exilé, reposent au Mausolée, où l'on célèbre une nouvelle forme de recueillement en présence du petit homme cireux que l'on a embaumé avec art pour lui donner un as-pect d'éternel. Une attente de plusieurs heures, dans une longue file, sublime le regard posé sur la dépouille mortelle et le transforme en sacrement.

Les nouvelles cathédrales sont les stations de métro moscovites. Les fonctionnaires du Parti font figure d'images saintes. Des mosaïques comme à Ravenne, à Daphni, à Byzance, à Monreale qu'on ne peut ni effacer ni repeindre et ainsi, comme à Sainte-Sophie, on a échangé les têtes quand elles devaient tomber.

Mais en Union Soviétique, il y a encore des églises où l'on célèbre des baptêmes et qui ressemblent à des buanderies-salons. Il y a des monastères comme Sagorsk qui, selon notre interprète, fonctionnent encore. Un vestige de

Dolmetscher sich ausdrückt. Ein altes Stück Rußland unter Denkmalschutz oder ein Alibi für die Regierenden?

Die Straße warf sich in vielen Buckeln über die breitbrüstigen Hügel. Am Horizont erschien die zartgegliederte Spitze eines Turms, ritzte den wolkenschweren Himmel mit einem Kreuz, und bald tauchten auch seine Begleiter auf: ein Bündel bauchiger Zwiebeln, blau gedeckt, mit goldenen Sternen bestückt. Das behäbige Dach eines Wachtturms war ihnen zugesellt.

Im Innern glänzte maßlos das Gold der Ikonen. Die strengen Gesichter der Heiligen, die in den Bildern verkörpert sind, haben nichts mit der Welt gemein. Christus offenbart sich nicht als der Gnadenreiche, er ist der unnahbare Pantokrator, der Weltenherrscher, wie er auch in den Fresken des Athos, in den Mosaiken der Hagia Sophia und in Palermo erscheint. Maßlos die zopfigen Fruchtornamente, deren steinernes Geranke das Gemäuer des Refektoriums überzieht. Maßlos die Zahl der Kreuze, die aus den Kuppeln herauswachsen, sich zum Himmel recken und Zeugnis ablegen, daß hier der Glaube noch nicht säkularisiert ist. Und maßlos die Demut und Entrückung der Gläubigen, die eine Wallfahrt unternommen haben. Endlos erscheint die Liturgie, von ehrwürdigen Popen mit Dostojewskij-Gesichtern zelebriert. Es sind fast nur alte Frauen, die den Sarkophag des heiligen

and soon its companions appear: A bundle of bulgy onions, blue-covered, furnished with golden stars. The stout roof of a watchtower had joined them.

Inside the gold of the icons gleams exorbitantly. The stern faces of the saints in the pictures have nothing in common with the world. Christ manifests himself not as the merciful, he is the unapproachable emperor of the world as shown in the frescoes of Athos, the mosaics of the Hagia Sofia, and in Palermo. The ostentatious old-fashioned frugal ornaments, whose stony tendrils cover the walls of the refectory. The boundless number of crosses sprouting from the domes, stretching to the heavens and bearing witness that faith has not yet been secularized here. The humility and rapture of the faithful who have undertaken a pilgrimage is boundless. Never-ending, too, the liturgy celebrated by worthy popes with Dostoevsky faces. The celebrants are mostly old women who stand around the sarcophagus of Saint Serge, the priest reading the service in front of it. If the exultant choir sounded very worldly in Moscow – far too earthly – here it is heavenly music manifesting itself in the name of God: "Gospodin – Gospodin!" The old women sing it for four voices. They stand there in their wadded grey jackets, their heads wrapped in black scarves, a musty smell mixed with that of sour milk about them, singing their "Gospodin" so humbly, so radiantly, in such

la vieille Russie classé monument historique ou bien un alibi pour les hommes du gouvernement?

La route fait des dos d'âne en traversant la large colline. A l'horizon, apparut la dentelle fine d'une tour dont la croix égratinait le ciel lourd de nuages, et bientôt surgirent aussi ses compagnons: une botte d'oignons ventrus, recouverts d'azur, sertis d'étoiles dorées. Le toit sans gêne d'un mirador s'était joint à eux.

A l'intérieur, l'or des icônes brillait avec munificence. Les visages sévères des Saints, représentés sur les images, ne sont pas de ce monde. Le Christ n'est pas le Dieu de générosité, c'est le pantocrator inaccessible, le maître de l'univers, tel qu'il apparaît aussi dans les fresques d'Athos, les mosaïques de la Sainte-Sophie et celles de Palerme. Démesure dans les tresses de fruits dont les entrelacs de pierre ornent les murs du réfectoire. Quelle démesure dans le nombre des croix qui poussent des coupoles, s'étirent vers le ciel et prouvent qu'ici, la foi n'a pas encore été sécularisée! Et quelle démesure dans l'humilité et le ravissement des fidèles qui ont entrepris ce pèlerinage! Des popes vénérables avec des visages comme Dostoïevski célèbrant une liturgie qui ne prend pas fin. Autour du sarcophage de saint Serge, devant lequel le prêtre lit la messe, on ne voit presque que de vieilles femmes. Si, à Moscou, les hymnes sont terrestres, on entend ici une musique céleste sublimer le nom de Dieu: «Gospodine – Gospodine!»

Sergius umstehen, vor dem der Priester die Messe liest. Klingen in Moskau die Jubel-chöre irdisch, allzu irdisch, so ist das eine Himmelsmusik, die den Namen Gottes verklärt: „Gospodin – Gospodin!" Die alten Frauen singen es vierstimmig. Sie stehen da in ihren wattierten, grauen Jacken, den Kopf ins schwarze Tuch gemummelt, sie riechen nach Moder und Sauermilch und singen ihr „Gospodin" so demütig, so verklärt, so hin-gegeben, so gläubig und so schön, wie Gott nirgendwo angerufen wird. Im Namen Gottes klingt hier das Leid von Generationen, die unter Leibeigenschaft, Krieg, Okkupation, Zwangsarbeit und politischem Druck so gelitten haben, daß ihnen das herrschende Regime wie eine Erlösung vorkommt. Tief verbeugen sie sich vor dem Sarkophag des Heiligen, sie sinken in die Knie und schlagen die Stirn auf den Boden, sie stehen verklärt vor der Ikonenwand, sie küssen die Wundmale der Märtyrer, die Hände der Gottesmutter und die Füße des Christuskinds. „Gospodin – Gospodin."

a devoted manner, so faithfully and so much more beautifully than God is called upon anywhere. In the name of God the song of generations rings, generations that have suffered under bondage, war, occupation, hard labour, and political pressure, so that the present regime appears to them as a deliverance. They bow down deep before the sarcophagus of the saint, sink to their knees and touch their foreheads to the floor, stand radiantly in front of the wall of icons, kiss the wound marks of the martyrs, the hands of the Mother of God, and the feet of Christ. "Gospodin – Gospodin."

Les vieilles femmes l'entonnent à quatre voix. Elles se tiennent là, dans leurs vestes grises, ouatinées, la tête emmitouflée d'un châle noir. Elles sentent le moisi et le lait aigre et elles chantent leur «Gospodine» si humblement, si radieusement, avec tant d'abandon et de foi, leur chant est si beau que, nulle part ailleurs, le nom de Dieu n'a été célébré comme ici. Il symbolise la misère des générations qui ont tant souffert sous l'esclavage, la guerre, l'oc-cupation, le travail forcé et la pression politi-que que le régime actuel leur semble une déli-vrance. Elles s'inclinent profondément devant le sarcophage du Saint, elles tombent à ge-noux et frappent leur front contre le sol, elles regardent, transfigurées, le mur d'icônes, elles embrassent les stigmates des martyrs, les mains de la Vierge et les pieds de l'enfant Jé-sus. «Gospodine – Gospodine.»

Slawische Passionen

Slavic Passions · Passions slaves

„Da Rußland seiner inneren Wesensart nach der europäischen Welt fremd ist, da es zudem allzu stark und mächtig ist, um den Platz eines der Mitglieder der europäischen Völkerfamilie einzunehmen, um eine von den europäischen Großmächten zu sein, vermag es nicht anders eine seiner und des Slawentums würdige Stellung in der Geschichte einzunehmen, als indem es zum Haupte eines besonderen, selbständigen politischen Staatssystems wird und Europa in seiner ganzen Gemeinschaft und Ganzheit zum Gegengewicht dient."

Diese 1867 geschriebenen Worte des militanten Panslawisten N.J. Danilewskij sind böse Wirklichkeit geworden. Der Marxismus, deutscher Export, wurde in der Verfassung der Sowjetunion institutionalisiert und den Nachbarstaaten oktroyiert.

Für die Polen, die nach einem überheblichen Wort Bismarcks nur Untertanen auf Kündigung sind, war diese Entwicklung besonders tragisch. Das polnische Volk, schon immer von dem Wunsch nach Unabhängigkeit erfüllt, dessen Staat allein im 18. Jahrhundert dreimal geteilt worden ist, wurde 1939 von seinen beiden Nachbarn überfallen und von zwei der blutigsten Tyrannen der Weltgeschichte zerrissen. 1945 fiel es dezimiert, ausgeblutet und ausgebeutet aus den Krallen des einen Usurpators in die des anderen. Polen mußte fast die Hälfte seines Staatsgebiets an die Sowjetunion abtreten und wurde dafür mit

"Since Russia in its inner being is strange to the European world, since it is also too strong and too powerful to take its place as a member of the European family of peoples and to become one of the European great powers, it is unable to take its place in history with the status worthy of itself and Slavdom, other than being the head of a special, independent political state system and serving the whole of Europe and its community as a counterforce."

These words, written in 1867 by the militant panslavist N. J. Danilevsky, have become evil reality. Marxism, a German export, was institutionalised in the constitution of the Soviet Union and forced upon the neighbouring states.

For the Poles, who according to a presumptuous Bismarck phrase are only subjects waiting to be given notice, this development was particularly tragic. The Polish people, always filled with the desire for sovereignty, whose state was split up in the 18th century three times, were attacked by both their neighbours in 1939 and torn apart by two of the bloodiest tyrants in world history. In 1945 Poland fell decimated, bleeding to death, and exhausted from the claws of one usurper into another's. Poland had to cede almost half of its territory to the Soviet Union and was compensated with the German territories of East Prussia, Pomerania, and Silesia.

The story of the old Polish city of culture

«De par sa nature, la Russie est étrangère au monde européen, et comme elle est, en plus, trop forte et trop puissante, pour occuper une place de membre dans la famille des peuples européens et pour être une des grandes puissances européennes, elle ne pourra trouver dans l'histoire une place digne d'elle et du slavisme qu'en prenant la tête d'un système politique et indépendant, et en servant de contrepoids à l'Europe, grâce à son unité et sa totalité.»

Cette déclaration faite en 1867 par le militant panslaviste N.J. Danilevski est devenue une cruelle réalité. Le marxisme d'exportation allemande a été institutionalisé dans la constitution de l'Union Soviétique et octroyé aux états voisins. Cette évolution fut particulièrement fatale aux Polonais qui, selon le mot orgueilleux de Bismarck, ne sont que des sujets pris à l'essai. Le peuple polonais rempli, depuis toujours, d'un désir d'indépendance, dont la nation avait été démembrée trois fois rien qu'au 18ᵉ siècle, fut envahi, en 1939, par ses deux voisins et déchiré par deux des tyrans les plus sanguinaires de l'histoire. En 1945, décimé, exsangue, pillé, il passa des griffes d'un usurpateur à l'autre. La Pologne dut céder presque la moitié de son territoire à l'Union Soviétique et reçut, en dédommagement, les provinces allemandes de la Prusse Orientale, de la Poméranie et de la Silésie. L'histoire de la vieille ville polonaise Cracovie, au long passé culturel, est un extrait de

den deutschen Gebieten Ostpreußen, Pommern und Schlesien entschädigt.

Die Geschichte der alten polnischen Kulturstadt Krakau ist ein Auszug aus der polnischen Passion. Krakau hatte magdeburgisches Stadtrecht, war eine Freie Hansestadt, wurde dann die Hauptstadt Polens, sank nach der Teilung zur österreichischen Provinzstadt herunter, bis sie Napoleon zu seinem Herzogtum Warschau schlug. Dann wurde sie wieder österreichisch, später eine Weile Mittelpunkt einer Republik, wieder österreichisch, kam dann zu Polen und diente schließlich dem von Hitler gesandten Despoten als Residenz des Generalgouvernements.

Mit der Tschechoslowakei trieb die Sowjetunion ihre Faust tief nach Mitteleuropa. Wie die Polen, so waren auch die Tschechen vom Willen zur Unabhängigkeit besessen. Und wie kaum ein anderer Staat in Europa erfreute sich die Tschechoslowakei zwischen dem Ersten Weltkrieg und dem Einmarsch Hitlers einer gut funktionierenden parlamentarischen Demokratie, mit den Namen Masaryk und Benesch verbunden. Der Prager Frühling war ein kurzes Zwischenspiel. Wie dem Aufstand in Ungarn folgte ihm ein noch kälterer Winter, der die Hoffnung auf einen Sozialismus mit menschlichem Gesicht, wie ihn Dubcek verwirklichen wollte, einfrieren ließ. Die Tschechoslowakei bildet keine Brücke zwischen den sozialistischen und den demokratischen Staaten.

Krakow is part of Poland's Passion. Krakow had Magdeburgian city rights, was a free Hanseatic town, became Poland's capital, dropped to the depths of an Austrian provincial town following division, until Napoleon made it part of his Warsaw duchy. Then it became Austrian again, and later for a while was the centre of a republic, Austrian again, then becoming a part of Poland, and finally served Hitler's despot as residence of the general government.

Czechoslovakia was the glove by which the Soviet Union sank her fist deep into the middle of Europe. Like the Poles the Czechs, too, were obsessed by the idea of independence. Hardly any other state in Europe possessed such a well-functioning parliamentary democracy between the first World War and the entry of Hitler as Czechoslovakia, with names such as Masaryk and Benesh. The Prague Spring was but a short intermezzo. As in Hungary a bitter winter followed the rebellion, freezing all hopes for the socialism with a human touch Dubcek strove for. Czechoslovakia does not form a bridge between the socialist and democratic states.

la Passion polonaise. Cracovie jouissait du droit municipal de Magdebourg, était une ville franche hanséatique, devint par la suite la capitale de la Pologne, déchut, après le démembrement, au rang d'une ville de province autrichienne, fut pendant un temps, le centre d'une République, autrichienne encore, se joignit à la Pologne et servit enfin de résidence du gouvernement général, au despote envoyé par Hitler.

Avec la Tchécoslovaquie, l'Union Soviétique enfonça son poing profondément en Europe centrale. Tout comme les Polonais, les Tchèques étaient possédés d'une volonté d'autonomie. Et comme aucun autre état en Europe, la Tchécoslovaquie jouissait, entre la première guerre mondiale et l'invasion d'Hitler, d'une démocratie parlementaire en bon fonctionnement à laquelle s'associaient les noms de Masaryk et de Bénès. Le printemps de Prague fut un intermède court. Comme l'insurrection en Hongrie, il fut suivi d'un hiver encore plus rigoureux qui fit geler l'espoir d'un socialisme au visage humain tel que Doubcek voulait le réaliser. La Tchécoslovaquie ne forme pas un pont entre les états socialistes et démocratiques.

Zwischenbemerkung · Digression · Reflexion

An dieser Stelle sei mir eine Pause des Klärens gegönnt, bevor wir einen Sprung machen: aus dem Schnee des Riesengebirges in die Sonne Siziliens, aus der Atmosphäre eines unterdrückten in die eines zurückgebliebenen Landes, aus der Gegenwart in die Antike. Wir befanden uns auf weiten Strecken hinter dem Eisernen Vorhang, in einer für die meisten von uns unbekannten Welt, und betreten jetzt Urlaubslandschaften, die vielen vertraut sind. Aus dieser Welt gute Bilder zu zeigen, ist nicht schwer; viel schwieriger war es, gleichwertige Fotos von drüben zu beschaffen. Das liegt nicht daran, daß die Landschaft dort weniger fotogen ist. Die sozialistischen Staaten sind besonders reich an ursprünglicher, von Technikern und Architekten nicht geschändeter Landschaft. Jeder Besuch in der DDR gibt mir Gelegenheit, das mit Neid festzustellen. Aber der beklagenswerte Mangel an Kommunikation mit dem Osten läßt in diesem Buch das westliche Europa übergewichtig erscheinen. So mußte bislang manches im Text geschildert werden, wozu es kein Bildmaterial gibt. Von jetzt an kann sich der Texter zurückhalten. Die Bilder sprechen für sich. Und der Text möchte nur Hinweise geben, Erinnerungen wecken, zum Nachdenken anregen. Er möchte nicht mehr, als Mosaiksteinchen zusammensetzen, aus denen mit den Fotos zusammen ein Bild unserer Heimat Europa entsteht.

At this point allow me a break for clarification before we make a further jump: from the snow of the Sudetes mountains to the Sicilian sun, from the atmosphere of a suppressed country to that of a backward one, from the present into antiquity. For long stretches we have been behind the Iron Curtain, an unknown world for most of us, and now we enter holiday landscapes far more familiar to many of us. To bring attractive pictures of this part of the world is not difficult; it is far more difficult to find equally good pictures of the other side. This is not because the landscape over there is not so photogenic. The socialist states are particularly rich in original, natural landscapes unspoiled by technicians and architects. Each visit to the GDR enables me to register that fact with envy. But the lamentable lack of communication with the East makes Western Europe appear preponderant in this book. That is why we have had to describe things for which no picture material is available. From now on the author can take a back seat. The pictures speak for themselves. The text should make a few allusions, awaken memories, give cause for reflection. The author will do no more than set mosaic stones together, photographic mosaics which will build up a picture or our homeland Europe.

Qu'on me permette ici un moment de méditation avant de faire un bond en avant: de la neige des montagnes des Géants au seuil de la Sicile, de l'atmosphère d'un pays opprimé à celle d'un pays retardé, du présent à l'antiquité.
C'est derrière le Rideau de Fer que nous passâmes le plus de temps, dans un monde inconnu de la plupart d'entre nous, et nous foulons maintenant des paysages de vacances que beaucoup connaissent. Il est facile d'en montrer de belles photos. Il était bien plus difficile de se procurer des photos équivalentes des pays de l'Est. Ce n'est pas que le paysage y soit moins photogénique. Les pays socialistes sont particulièrement riches en paysages naturels, que les techniciens et les architectes n'ont pas encore violés. Avec envie, je m'en rends compte, chaque fois que je vais en R.D.A. Mais le manque déplorable de communication avec l'Est fait apparaître, dans ce livre, l'Europe de l'Ouest comme prépodérante. Et c'est pourquoi le texte a décrit, jusqu'à present, ce qui n'était pas illustré par l'image. A partir de maintenant, le commentateur peut céder le pas au photographe. Les images se passent de commentaires. Et le texte veut seulement fournir des indications, éveiller des souvenirs, stimuler la réflexion. Il veut simplement former avec les photos une mosaïque qui donnerait une image de notre patrie, l'Europe.

Der Wasserstiefel

The Wellington Boot · La botte dans l'eau

„Mit Italien lebt man wie mit einer Geliebten: heute in heftigem Zank, morgen in Anbetung: – mit Deutschland wie mit einer Hausfrau, ohne großen Zorn und ohne große Liebe", sagt Nietzsche.
Italien, der ins Wasser getauchte Stiefel. Italien, doppelter Erbe Griechenlands und Byzanz'. Paestum, Syrakus, Agrigent. Nach der Eroberung Konstantinopels kamen Wissenschaftler aus Byzanz an die italienischen Fürstenhöfe und ermöglichten die Wiedergeburt der Antike, den Rinascimento, die Renaissance und damit die Überwindung des Mittelalters. Wie kaum in einem anderen Land der Welt finden wir in Italien Harmonie zwischen Natur und Kultur, zwischen gewachsenem und gehauenem Stein, zwischen Gewächs und Gebäude. Diese Harmonie wird verklärt vom Licht, das in Italien wie in Griechenland farbenfreundlicher ist. Dagegen vermag Italien das Auseinanderklaffen zwischen Norden und Süden, das soziale Gefälle zwischen den Regionen und in der Gesellschaft nicht zu glätten. Am stärksten manifestiert sich das auf Sizilien, das voll Todessehnsucht ist: die Gräberstadt Pantalica; die schrecklich zur Schau gestellten mumifizierten Leichen in der Kapuzinergruft von Palermo; die Mafia; der Friedhof von Montelepre, wo Mörder und Opfer nebeneinander liegen, mit den bombastisch in Stein gehauenen Totenklagen der Mafia-Mutter; die vom Erdbeben zerstörten Dörfer; die

"One lives together with Italy as with a lover: a violent tiff today, adoration tomorrow; Germany, like a housewife, shows no great temper and no great love", said Nietzsche. Italy, the boot submerged in water. Italy, double heritage of Greece and Byzantium. Paestum, Syracuse, Agrigento. Following the conquest of Constantinople scientists came from Byzantium to the princely houses of Italy thus ushering in the Renaissance, ending the Middle Ages.
As in hardly any other country we find in Italy a harmony between nature and civilisation, between natural and sculptured stone, between natural growth and buildings. This harmony is glorified by the light, full of colours as in Greece.
On the other hand Italy is incapable of smoothing over the split between north and south, the social differences between the regions and societies. This can best be seen in Sicily, full of death-wish: the sepulchral town of Pantalica; the terrible mummified corpses displayed in the Capuchin catacombs of Palermo; the Mafia; the cemetery of Montelepre where murderer and victim lie side-by-side with the bombastic lamentation for the dead of the Mafia mother carved in stone; the villages destroyed by earthquakes; the ruins of Selinunt over which the Carthaginians swept like a cataclysm; that unpredictable titan, Etna, where Empedocles fell into its yawning mouth.

«Avec l'Italie on vit comme avec une maitresse: aujourd'hui, on se dispute très fort et demain, on s'adore: – Avec l'Allemagne, c'est comme avec une brave ménagère, sans grande colère et sans grand amour», dit Nietzsche. L'Italie, cette botte trempée dans l'eau. L'Italie, double héritière de la Grèce et de Byzance. Paestum, Syracuse, Agrigente. Après la prise de Constantinople, des hommes de sciences de Byzance arrivèrent dans les cours princières italiennes, et permirent le renouveau de l'antiquité, le Rinascimento, la Renaissance, qui triompha sur le moyen âge. Comme dans aucun autre pays au monde, nous trouvons, en Italie, l'harmonie entre la nature et la culture, entre la pierre naturelle et la pierre taillée, entre la végétation et les constructions. Cette harmonie est sublimée par la lumière qui, comme en Grèce, fait mieux valoir les couleurs.
En revanche, l'Italie n'arrive pas à niveler l'abîme qui sépare le Nord et le Sud, les différences sociales entre les régions et dans la société. Cela se manifeste surtout en Sicile, où j'ai senti partout comme une nostalgie de la mort: la nécropole Pantalica; l'exposition horrible des cadavres momifiés dans le caveau des Capucins à Palerme; la mafia; le cimetière de Montelepre, où les meurtriers et leurs victimes sont enterrés les uns à côté des autres, avec les pierres monumentales où sont gravées les lamentations funèbres de la matermafia; les villages détruits par un tremble-

Ruinen von Selinunt, über das die Karthager
wie ein Erdbeben fegten; der unberechenbare
Titan Ätna, in dessen Krater sich Empedokles
gestürzt hat.
Agrigent, Heimat des Empedokles, einst eine
der größten, schönsten und reichsten
Städte des Altertums, das in fünfzig Jahren
neun Tempel gebaut hat. Die klassischen
Proportionen des Concordia-Tempels, seine
graziöse Wucht, der grobe, leicht verwitternde
braune Muschelkalk, der durch seinen Eisen-
gehalt eine rötliche Patina bildet, in Harmonie
mit dem Oliv des vom Alter verzogenen
knorrigen Ölbaums.
Der Ätna, der so elefantenhaft breit und
friedlich in die Landschaft gelagert ist und
dessen erstarrte Feuerwalzen zu einem
ungemein fruchtbaren Humus zerfallen. Ein
bukolischer Berg, unterm Schneehemd glühend.
Es gibt kaum Schöneres, als auf einer
Terrasse in Taormina Wein zu trinken, dessen
Feuer aus seiner Lava gesogen ist. Es ist
Nacht, und alle paar Minuten glüht der
Kratermund rot auf. Der gefesselte Riese,
der immer wieder seine Ketten zerreißt, an
immer wieder neuen Stellen geschwürig auf-
bricht. Werkstatt des Hephaistos, in dem die
Waffen des Achill geschmiedet wurden. Der
Krater das Auge des Polyphem, den Odysseus
blendete.
Die so oft vom Ätna verwüstete Stadt Catania
führt einen Elefanten im Schilde, aus Lava
gebildet steht er auf einem Obelisk vor der

Agrigento, home of Empedocles, formerly one
of the greatest, most beautiful and richest
cities of antiquity, in which nine temples were
built in fifty years. The classic proportions
of the Concordat Temple, its gracious weight-
iness, the coarse, slightly weathered brown
shell-lime, which has formed a reddish patina
due to its iron content, harmonising with the
olive-green of the gnarled old olive trees.
Etna lying peacefully in the landscape like a
broad elephant and whose solid fire has
become an excellent humus. A bucolic mountain, glowing under a snowshirt. There is
hardly anything more beautiful than drinking
a glass of wine on a terrace in Taormina,
wine whose fire has been drawn from Etna's
lava. It is night and every few minutes the
mouth of the crater glows red. The fettered
giant, forever springing its chains, always
breaking out in different places. Hephaestus'
workshop where Achilles' weapons were
forged. The crater is the eye of Polyphemus
blinded by Odysseus.
The town of Catania so often destroyed by
Etna has an elephant in its coat-of-arms, made
of lava it stands on an obelisk in front
of the cathedral concealed by the veil of Saint
Agatha, of whom it is said she can summon
up protective strength against streams of fire.
Italian architecture is such an extraordinarily
effective ornament to the landscape because
it keeps to simple forms. The cubes of the
houses, the half-cylinders of the barrel-vaults.

ment de terre; les ruines de Sélinonte rasée,
après le passage des Carthaginois, comme
après un tremblement de terre; ce titan capri-
cieux qu'est l'Etna, dans le cratère duquel
Empédocle s'est jeté.
Agrigente, la ville natale d'Empédocle, qui
fut, autrefois, une des plus grandes, des plus
belles et des plus riches villes du moyen âge,
où l'on bâtit neuf temples en cinquante ans.
Les proportions classiques du temple de la
Concorde, l'impression qu'il donne de force et
de grâce à la fois, le calcaire conchylien brun
à la structure grossière, légèrement érodée,
auquel sa teneur en fer donne une patine rou-
geâtre qui s'harmonise avec l'olive de l'olivier
noueux, tordu par l'âge.
L'Etna est, comme un éléphant, paisiblement
installé dans le paysage, et ses tourbillons de
feu figés donnent un humus extraordinairement fertile. C'est une montagne bucolique,
ardente sous une chemise de neige. Je ne connais rien de plus beau que de boire, sur une
terrasse de Taormina, un vin qui a tiré son
feu de la lave. C'est la nuit et, toutes les minutes, la bouche du cratère s'embrase. Le
géant enchaîné, qui brise régulièrement ses
liens et crève ses abcès, à des endroits chaque
fois différents. C'était l'atelier d'Héphaistos
où furent forgées les armes d'Achille. Le cratère, c'était l'œil de Polyphème qu'Ulysse
aveugla.
La ville de Catane, si souvent dévastée par
l'Etna, a un éléphant sur son blason. Il est

Kathedrale, die den Schleier der heiligen Agata birgt, dem beschwörende Kraft gegen die Feuerströme nachgesagt wird.

Die italienische Architektur bildet ein so wirkungsvolles Pendant zur Landschaft, weil sie sich auf einfache Formen beschränkt. Die Kuben der Häuser, die Halbzylinder der Tonnengewölbe. Die Halbkugeln der Kuppeln. Die Ellipsen der Boote. Die Halbkreise der Torbögen. Die Kegel der Dächer auf den süditalienischen Trulli.

Auch die Natur bevorzugt Gewächse, die sich auf einfache geometrische Figuren bringen lassen, die die Landschaft linear gliedern. Kakteen, Palmen, Agaven, Pinien, Zypressen im Gegensatz zu den knorrig individualistisch gewachsenen Ölbäumen. Das Gefälle der Häuser an Steilküsten. Diagonale Katarakte dem Meer zu. Blick durch gotische Spitzbögen auf Fels, Kirche, Plattform und Turm. Behauene Stufen ins Meer, das gegen Fels und Mauer gischtet, von der Sonne rot gefärbt. Götterbilder im römischen Park. Italiens Griff in die Alpen. Die Dolomiten, die sich auf einfache Formen reduzieren lassen. Turmdrillinge der Drei Zinnen. Zusammenklang vom Süden und Norden im Reich des Königs Laurin, in den Liedern des Oswald von Wolkenstein, in Städten wie Bozen, Klausen, Innsbruck, Salzburg, die einen Hauch des Mittelmeers und der Italianità in die Alpen und über die Alpen hinüber tragen.

The hemispheres of the domes. The ellipses of the boats. The semicircles of the arched gates. The cones of the southern *trulli* roofs.

Nature, too, prefers growth which can be reduced to simple geometric figures, fitting linearly into the landscape. Cacti, palms, agaves, pines, cypresses contrasting with the gnarled, individualistic olive-trees. The slope of the houses on steep coastlines. Diagonal cataracts to the sea. View through Gothic arches onto cliffs, churches, platforms, and towers. Steps hewn in the sea, foaming against cliff and wall, coloured red by the sun. Pictures of gods in the Roman park. Italy's thrust into the Alps. The Dolomites reduced to simple forms. The *Drei Zinnen* of the three battlements. Harmony of south and north in the kingdom of King Laurin, carrying over a touch of the Mediterranean and *Italianita* in the songs of Oswald von Wolkenstein into the cities and towns such as Bolzano, Klausen, Innsbruck, Salzburg, into the Alps and beyond.

aussi sculpté dans la lave et trône sur un obélisque devant la cathédrale qui abrite le voile de Sainte-Agathe: elle a la réputation de pouvoir conjurer les fleuves de feu.

L'architecture italienne est un pendant du paysage extraordinairement efficace, parce qu'elle s'en tient aux formes simples. Les cubes des maisons, les demi-cylindres des voûtes en berceau. Les demi-boules des coupoles. Les ellipses des embarcations. Les demi-cercles des arcs de portes, les toits en cônes des trulli, dans le Sud de l'Italie.

Des cactées, des palmiers, des agaves, des pins, des cyprès contrastent avec les oliviers noueux à la silhouette individualiste. La pente des maisons sur les côtes escarpées. Des cataractes qui vont en diagonale vers la mer. A travers des ogives, on voit des rochers, une église, une plate-forme et une tour. Des marches descendent dans la mer qui se brise, en écumant, contre les rochers et les murs, rougie par le soleil. Des statues de dieux dans un parc romain. Les Dolomites qui s'efforcent de prendre des formes simplifiées. Les Trois Tours, ces triplés. Accord du Sud et du Nord au royaume du roi Laurin, dans les chansons d'Oswald von Wolkenstein, dans des villes comme Bozen, Klausen, Innsbruck, Salzbourg où passe, à travers les Alpes, un souffle d'air venu de la Méditerranée et qui apporte un peu de l'atmosphère italienne.

Die lateinische Schwester

The Latin Sister · La sœur latine

Schlimmer als Pest und Cholera wütete der Despotismus gegen Europas Kinder. Von Paris aus ging die Bewegung, die ihn zurückgedrängt hat. In Frankreich stand die Wiege der Menschenrechte. Lassen wir uns freilich nicht täuschen, daß der Despotismus ausgerottet sei. In mancherlei Masken unterjocht er noch Europas Söhne und Töchter.
Der Franzose gilt als gesellig, genüßlich und eitel. Frankreich ist die lateinische Schwester Italiens. Die französische Landschaft nimmt Motive Italiens auf und variiert sie, steigert zuweilen das maßvolle Römische ins Gloriose. Widerspiel von Fels und Meer an den freundlichen Gestaden des Mittelmeers und an den von Sturm und Wasser gepeitschten Klippen des Atlantik. Rekapitulation der Fürstenhöfe der Medici, Gonzaga, Este, Sforza in den Ruinen des Liebeshofes von Les Baux und in den Renaissanceschlössern an der Loire, deren schönstes, Chambord, einer Frau gleicht, deren Haare vom Wind aufgewühlt werden. Gerd spaziert durch die Ruinenstadt Les Baux, die er von der Terrasse des Schlosses von Tarascon aus auf den Gipfel der Alpillen geklebt am Horizont gesehen hat. Er geht durch zerstörte Paläste, sieht durch leere Fensterhöhlen die Stadt Arles und das Mittelmeer, steigt über ausgetretene Stufen, spaziert durch verwunschene Gassen, taucht in eine alte Kirche, Wallfahrtsort der Hirten aus der Camargue, entziffert verwitterte Inschriften, blickt auf ein tiefergelegenes,

Despotism raged against Europe's children far worse than plague and cholera. The movement that drove it back started in Paris. The birthplace of human rights was in France. But don't let's deceive ourselves, despotism is not rotted out. It still subjugates Europe's sons and daughters in many forms today.
The Frenchman is thought of as being sociable, epicurean, and vain. France is the Latin sister of Italy. The French landscape uses Italian motifs and varies them, even improving the tasteful Roman into something glorious. Interplay of cliffs and sea on the friendly shores of the Mediterranean and on the reefs of the Atlantic whipped by storm and wave. Recapitulation of the princely courts of the Medici, Gonzaga, Este, Sforza in the ruins of the court of love of Les Baux, and in the Renaissance castles on the Loire, the most beautiful of which, Chambord, can be likened to a woman whose hair has been mussed up by the wind.
Gerd is walking through the ruined town of Les Baux, which he saw from the terrace of the Tarascon castle on the peak of the Alpilles as if glued to the horizon. He wanders through destroyed palaces, looks at the town of Arles and the Mediterranean through empty window cavities, climbs up over worn steps, strolls through enchanted alleys, enters an old church, a place of pilgrimage for Camargue shepherds, deciphers weathered inscriptions, looks down at a comfortable hotel, a swim-

Pire que la peste et le choléra, le despotisme terrorisait les enfants de l'Europe. C'est de Paris que partit le mouvement qui l'a refoulé. Le berceau des droits de l'Homme se trouvait en France. Bien sûr, ne nous laissons pas abuser et ne pensons pas que le despotisme soit exterminé. Sous des masques divers, il tient encore en esclavage les fils et les filles de l'Europe. Le Français a une réputation d'être sociable, aimant les plaisirs, vaniteux. La France est la Sœur latine de l'Italie. Le paysage français reprend des motifs de l'Italie, les varie, il rend plus glorieuse, parfois, la mesure romaine. Jeu éternel entre la mer et les rochers sur les rivages aimables de la Méditerranée et sur les falaises de l'Atlantique fouettées par les vagues et les tempêtes. Il y a pastiche des cours princières des Médicis, des Gonzague, des Este, des Sforza dans les ruines des cours d'amour des Baux et dans les châteaux Renaissance du bord de la Loire, dont le plus beau, Chambord, ressemble à une femme dont les cheveux volent au vent.
Gerd se promène dans les ruines des Baux que, de la terrasse du château de Tarascon, il a aperçu, collées, à l'horizon, sur le sommet des Alpilles. Il traverse des palais détruits, il voit, par les trous vides des fenêtres, la ville d'Arles et la Méditerranée, il flâne dans des ruelles enchantées, s'enfonce dans une vieille église, lieu de pèlerinage des gardians de la Camargue, déchiffre des inscriptions érodées, plonge son regard sur un hôtel confortable

behagliches Hotel, in dessen Garten ein Schwimmbad blinzelt, tritt auf steinerne Balkone und geht in eine kleine Bar, um einen Pastis zu trinken. Hinter der Bartheke hängt ein fröhliches Aquarell von Dufy, daneben ein Foto, auf dem Churchill sonntagsmalend in Les Baux zu sehen ist. Marcelle erzählt ihm, wie am Liebeshof von Les Baux die Troubadoure sangen. Wie hier Seminare über die Liebe mit praktischen Übungen abgehalten wurden. Sie erzählt die Geschichte von jenem Tenor, dem eine Herzogin so zugetan war, daß sie ihm einen Liebestrank kredenzte, damit er sich nicht an den Liebeshof der Konkurrenz engagieren lasse. Wie der Liebestrank wirkte, der unglückliche Herzog den Betrug merkte, den Troubadour tötete und die ungetreue Gemahlin zwang, das Herz des Galans am Grill gebraten zu verspeisen. Wie in Les Baux Sängerfeste stattfanden, bei denen der Sieger eine Krone aus Pfauenfedern und einen Kuß von der schönsten Dame bekam. Und wie schließlich die Felsenstadt derer von Les Baux, die auch zu herrschen verstanden, vom dreizehnten Ludwig zerstört wurde.

Bei diesem Gespräch sind Marcelle und Gerd auf die Felsnase getreten, von der aus man auf Pappelalleen, Pinienhaine, Olivengärten, die romanische Abtei von Montmajour und auf das ausgedehnte Land sieht. Plötzlich aber fällt der Mistral, der wütende Wind der Provence, über das Paar her. Marcelle muß

ming pool glittering in its garden, out onto stone balconies, and enters a small bar to drink Pastis. Behind the counter is a cheerful water-colour by Dufy, next to it a photo showing Churchill painting in Les Baux. Marcelle describes how the troubadours used to sing at the courts of love of Les Baux. How seminars on love with practical exercises were held. She tells him the story of that tenor to whom a duchess was so attracted that she served him a love potion so that he wouldn't be otherwise "engaged" by the competition at the court of love. How the love potion took effect, how the unhappy duke noticed the swindle, killed the troubadour and forced his faithless wife to toast the heart of her gallant on the grill and eat it. How song festivals took place in Les Baux and the winner was rewarded with a crown of peacock feathers and a kiss from the most beautiful lady present. And, finally, how the cliff town of Les Baux, which also had experience in ruling, was destroyed by the thirteenth Louis.

During this dialogue Marcelle and Gerd have reached the nose of the cliff from where one can see alleys of poplars, pine hedges, olive gardens, the Roman abbey of Montmajour, and can look over the land stretching far out into the distance. Suddenly the *mistral*, that angry wind of Provence, falls upon them. Marcelle has to hold herself fast to Gerd. The *mistral* seizes her skirt like a flag,

dans le jardin duquel brille une piscine, s'avance sur des balcons en pierre et va dans un bistro pour boire un pastis. Derrière le comptoir, une aquarelle de Dufy est suspendue, à côté d'une photo qui représente Churchill en peintre d'occasion, aux Baux. Marcelle lui raconte comment les troubadours chantaient à la cour d'Amour des Baux; on y donnait des leçons d'amour courtois avec des épreuves pratiques. Elle raconte aussi l'histoire de ce jeune ténor qu'une duchesse aimait tant qu'elle lui servit un philtre d'amour afin qu'il ne se fît pas engager à une cour d'Amour concurrente. Quand le philtre eut agi, le malheureux Duc remarqua la tromperie, il tua le troubadour et obligea l'épouse infidèle à manger le cœur du galant, cuit au grill. Elle parle des tournois de troubadours aux Baux, où le vainqueur recevait une couronne en plumes de paon et un baiser de la plus belle dame. Et elle lui dit enfin que Louis XIII détruisit la ville nichée dans les rochers dont les seigneurs étaient aussi de bons gouverneurs. En conversant, Marcelle et Gerd se sont avancés sur le pic d'où l'on a une vue sur des allées de peupliers, des pinèdes, des oliveraies, sur l'abbaye romane de Montmajour et ses alentours. Mais brusquement le mistral, ce vent furieux de la Provence, assaille le couple. Marcelle doit se cramponner à Gerd. Le mistral s'empare de sa jupe comme d'un drapeau et fait tourbillonner ses cheveux contre le visage de Gerd. Il met la main sur son épaule

sich an Gerd festhalten. Der Mistral packt ihren Rock wie eine Fahne, wühlt in ihrem Haar und wirbelt es in Gerds Gesicht. Er legt die Hand auf ihre Schulter, weil er fürchtet, der unbeherrschte Sturm entführe das Mädchen ins Tal hinunter. „Jetzt mußt du mir ein deutsches Liebesgedicht ins Ohr sagen", erwartet Marcelle. Er übertönt den Wind mit dem zweiten Streich von Max und Moritz. Marcelle lauscht bewundernd der Ballade von der Witwe Bolte. „Wie viel Seele ihr Deutschen habt – war das Mörike?" fragt Marcelle. „Hölderlin", korrigiert Gerd, während der Mistral heult und zerrt.

Reiz der Camargue, Wein und Reis im Sumpf, halbwilde Schafe, Pferde, Stiere, die weißen Häuser der berittenen Hirten, in Saintes Maries de la Mer die schwarze heilige Sarah, zu der die Zigeuner wallfahren. Die kubischen Häuser der Bergdörfer in der Provence, die ein italienisches Motiv ins Graue transponieren. Die gemeinsame römische Vergangenheit in den schönen Proportionen des Pont du Gard, der römischen Wasserleitung, die mit ihren dreistöckigen Arkaden wie aus der Natur herausgewachsen ist. Die steinigen Inseln von Korsika, die landschaftlich Sardinien antworten, und die Wucht des Mont-Blanc-Massivs, höchster Gipfel Europas, den Frankreich Italien entgegenstellt.

musses her hair whipping it in Gerd's face. He puts his hand on her shoulder for he is afraid that the wild storm may whirl the girl into the valley. "Now you must tell me a German love poem", says Marcelle expectantly. He outdoes the wind with the second prank of Max and Moritz. Marcelle listens admiringly to the ballad of widow Bolte. "What a soul you Germans have – was that Mörike?" asks Marcelle. "Hölderlin", corrects Gerd while the *mistral* howls and strains.

Charm of the Camargue, wine and rice on the moor, half-wild sheep, horses, bulls, white houses of the shepherds on horse-back, the black Saint Sarah in Saintes Maries de la Mer – gipsy pilgrimage. The cubic houses of the mountain villages in the Provence, transposing an Italian motif in grey. The common Roman past contained in the beautiful form of the Pont du Gard, that Roman aqueduct with its triple stories of arcades seemingly growing out of nature. The stony islands near Corsica, an answer to Sardinia's landscape, and the might of the Mont Blanc massif, highest point in Europe thrust up by France to confront Italy.

car il craint que la tempête impétueuse n'entraîne la jeune fille dans la vallée. «Tu dois, maintenant, me dire, à l'oreille, un poème d'amour allemand», réclame Marcelle. Sa voix domine le vent pour raconter le deuxième épisode de «Max et Moritz». Attentive, Marcelle écoute, avec admiration, la ballade de la veuve Bolte. «Quelle âme romantique vous avez, vous autres Allemands – c'était de Mœrike?» demande-t-elle. «De Hœlderlin», corrige Gerd, tandis que le mistral siffle et secoue.

Le charme de la Camargue. De la vigne et du riz dans les marécages, des moutons à demi-sauvages, des chevaux, des taureaux, les maisons blanches des gardians, aux Saintes-Maries-de-la-Mer: la noire Sarah que les gitans viennent voir en pèlerinage. Les maisons cubiques des hameaux de la montagne provençale, qui transposent, en gris, un motif italien. Ce passé romain commun, on le retrouve dans les belles proportions du Pont du Gard et dans l'aqueduc qui, avec ses arcades à trois étages, semble être directement sorti de la nature. Les îles rocheuses de la Corse sont la réplique du paysage sarde, et la France dresse contre l'Italie la masse escarpée du massif du Mont-Blanc.

Spanische Extreme

Spanish Extremes · Les extrêmes espagnols

Señor Jesus Abello, Besitzer des Wäschegeschäfts „Zum heiligen Herzen Unserer Lieben Gottesmutter", brauchte eine neue Prothese aus München, besaß aber keine D-Mark. Ich wollte nach Spanien reisen und bekam keine Peseten. So bezahlte ich Señor Abellos Bein und er mir meine Spanienreise. Das Geschäft ging über eine Mittelsdame. Ich habe dabei Señor Abello nie gesehen. Als ich von ihm eine Quittung wollte, war er beleidigt. Eines Spaniers Wort wiege schwerer als ein Stück Papier. Ich könne das Geld in bar in seinem Laden in Zaragoza abholen. So kam ich schon in den frühen fünfziger Jahren nach Spanien, als es noch kaum Touristen und kein Hotel zwischen Tortosa und Valencia, zwischen Almeria und Malaga gab. Am Strand wachte die Guardia Civil mit geschultertem Gewehr über die Moral. Der Bikini war verboten. Paare, die nebeneinander am Strand lagen und keinen Ehering trugen, waren verdächtig, aber Kinder wurden in aller Öffentlichkeit gestillt. Dagegen bedeutete ein nackter Arm oder ein unbedecktes Frauenhaupt in der Kirche ein Sakrileg. Die Gastfreundschaft war überwältigend; die Sympathie der Spanier für Hitler und den Löwen Deutschland, der es seinen Feinden schon noch zeigen werde, deprimierend. Inzwischen hat Spanien sein blaues Wirtschaftswunder erlebt, die Gastfreundschaft kommerzialisiert, seine Mittelmeerstrände mit Wolkenkratzeralpträumen verunziert, verlangt

Señor Jesus Abello, owner of the laundry "To the Holy Heart of our dearest Mother of God" needed a new false leg from Munich but didn't have any German marks. I wanted to travel to Spain and had no pesetas. So I paid for Señor Abellos' leg and he paid for my Spanish trip. A lady acted as intermediary. I have never met Señor Abello. When I asked for a receipt he was insulted. A Spaniard's word is worth more than just a piece of paper. I could fetch the money in his shop in Zaragossa. And so it was that I came to Spain in the early fifties, at a time when there were hardly any tourists and no hotels between Tortosa and Valencia, between Almeria and Malaga. The Guardia Civil stood watch on the beach with rifles slung over shoulders, guarding over the morals. The bikini was forbidden. Couples without wedding rings lying next to each other on the beach immediately came under suspicion, but children could be breast-fed quite openly. On the other hand a bare arm or an uncovered female head in church was sacreligious. The hospitality was overpowering; the sympathy of the Spaniards for Hitler and the German lion, which someday would make its enemies pay, was depressing.
In the meantime Spain has experienced its economic miracle, has commercialised its hospitality, marred its Mediterranean beaches with nightmare skyscrapers, charged entry fees for churches, and allows unmarried couples

Señor Jesus Abello, propriétaire de la blanchisserie «Au cœur sacré de la sainte Mère du Seigneur», avait besoin d'une nouvelle prothèse, fabriquée à Munich, mais il n'avait pas de marks. Moi, je voulais aller en Espagne et n'arrivais pas à obtenir de pesetas. C'est ainsi, que je payai la jambe de señor Abello, et que lui régla mes frais de voyage. Une intermédiaire régla ces transactions, et je n'ai, alors, jamais vu señor Abello. Il se vexa, lorsque je voulus lui demander un reçu. La parole d'un Espagnol a plus de poids qu'un bout de papier. Il me fit savoir que je toucherai l'argent comptant dans son magasin, à Saragosse. C'est ainsi que j'arrivais en Espagne, dans les années 50, alors que les touristes étaient rares et les hôtels inexistants entre Tortose et Valence, entre Almeria et Malaga. Sur la plage, la garde civile veillait à la morale, le fusil sur l'épaule. Le bikini était interdit. Les couples qui étaient allongés côte à côte sur la plage, sans porter d'alliance, étaient suspects, mais on donnait, ouvertement, le sein aux enfants. En revanche, un bras nu ou une tête de femme découverte dans une église, c'était un sacrilège. L'hospitalité était extraordinaire, et déprimante la sympathie des Espagnols pour Hitler et pour le lion allemand qui allait encore en remontrer à ses ennemis.
Entre-temps, l'Espagne a connu un drôle de miracle économique, elle a commercialisé l'hospitalité, déparé ses plages méditerranéennes avec des gratte-ciel cauchemardesques,

Eintrittsgeld in die Kirchen und läßt unver-
heiratete Paare in Doppelzimmern schlafen.
Aus unserem kleinen Fischerdorf, in dem wir
damals wohnten, ist eine Urbanisation
geworden, und Señor Jesus Abello – der
mir später für die finanzierte Prothese
1100 Peseten auf den Ladentisch blätterte,
100 mehr als sie gekostet hatte, und mich
in Gastfreundschaft und Whisky ertränken
wollte – hat sicher Spitzenwäsche im Schaufenster liegen, stellt Quittungen aus und
bewundert Deutschland, weil in diesem fortschrittlichen Land Damen ihre Liebesdienste
als Topmodell oder Masseuse in der Zeitung
anbieten können.
Der Stier ist in Spanien nicht der Gott, der
Europa entführt hat, sondern der Dämon,
den man dem Ritual des Quälens und Tötens
aussetzt. Man gibt ihm tagelang nichts zu
saufen, sperrt ihn ins Dunkle und treibt ihn
dann unter das tobende Publikum in die
Sonnenglut der Arena. Man hat ihm vielleicht
zuvor die Hörner angefeilt, um die besonders
feinnervigen, schmerzempfindlichen Stellen
freizulegen. Man reizt ihn mit flatternden
Tüchern. Man verletzt ihn vom Pferd herunter
mit Lanzenstichen. Man jagt ihm mit Wider-
haken versehene Pfeile ins Fleisch, bis der
Präsident mit dem Taschentuch winkt und ihn
zum Tod freigibt, der oft ein elendes Ab-
schlachten ist, wenn der Toreador mit der
Espada danebensticht.
Im Stierkampf äußert sich Ästhetik, Erotik,

to sleep in double-rooms. Our small fishing
village of the fifties has become an urbanisation, and Señor Jesus Abello – who gave me
1,100 Pesetas for his false leg, 100 more
than it had cost, and who tried to drown me
in whisky and hospitality – now has top-
quality underwear in his shop window, makes
out receipts, and admires Germany because
the ladies can offer their "love-services"
as top models or masseuses in the daily
paper in that "progressive" country.
In Spain the bull is not the god that abducted
Europe, rather the demon that is exposed to
the ritual of suffering and death. For days
he receives nothing to drink, is kept in the
dark, and then is driven into the burning heat
of the arena surrounded by roaring spectators.
His horns may have been filed down to lay
open the particularly finely spun nerves, pain-
sensitive spots. He is irritated by fluttering
rags. He is wounded by lance pricks raining
down from the backs of horses. He is hunted
with barbed and hooked arrows tearing his
flesh until the President signals with his hand-
kerchief that he can now be slaughtered; it is
too often a wretched slaughter when the
toreador misses with his espada.
In the bullfight the aesthetic, the erotic,
sadism, homosexuality, the fear of demons,
and daring, all find their expression. The bullfight has a horrible fascination. Goya,
Picasso, Hemingway. It follows the same
tradition as the fights of the gladiators in

elle réclame un droit d'entrer dans les églises
et autorise les couples non-mariés à dormir
dans des chambres à deux lits. Le petit village
de pêcheurs, où nous logions autrefois, est devenu un complexe urbain. Señor Jesus Abello
avait posé, dans le temps, 1100 pesetas sur
son comptoir pour me régler sa prothèse –
100 de plus qu'elle n'avait coûté – et il avait
essayé de me noyer avec son hospitalité et
dans son whisky. Aujourd'hui il a certaine-
ment des dessous de dentelle dans sa vitrine,
il donne des reçus et admire l'Allemagne parce que, dans ce pays progressiste, les dames
peuvent proposer leurs services amoureux,
dans les journaux, comme top-modèle ou
comme masseuse.
En Espagne, le taureau n'est pas ce dieu qui
a enlevé Europe, mais un démon que l'on sa-
crifie aux rites de la torture et de la mort.
Pendant des jours, on ne lui donne rien à boire, on l'enferme dans le noir et on le pousse
ensuite, sous les cris du public, dans le brasier
solaire de l'arène. On lui a, peut-être, d'abord
limé les cornes, pour mettre à nu les endroits
particulièrement nerveux et sensibles à la dou-
leur. On l'exite en faisant tournoyer des man-
teaux rouges. On le blesse de piques, données
par des cavaliers. On lui enfonce des banderil-
les dans les chairs, jusqu'à ce que le président
de la course agite son mouchoir et le livre à
une mort qui est souvent une misérable tuerie,
quand le toréador manque son coup d'espada.
Dans une course de taureaux, il y a un mélan-

Sadismus, Homosexualität, Dämonenfurcht und Kühnheit. Der Stierkampf hat eine grausige Faszination. Goya, Picasso und Hemingway. Er steht in der Tradition der römischen Gladiatorenkämpfe, der Ketzerverbrennungen, der Metzeleien unter den Eingeborenen in den entdeckten Ländern. Das Opfer hat keine Chance. Wenn der tote Stier, eine breite Blutbahn im Sand hinterlassend, von einem Pferdegespann aus der Arena geschleift wird, muß ich an Pizarro, Philipp II., an die Foltern der Inquisition, an die Schrecken des Bürgerkriegs denken, wie sie Picasso in seinem Bild „Guernica" dargestellt hat. Ich denke auch an die Lampe, die ich in Valencia gesehen habe. Sie ist mit Wasser gefüllt, worin ein Goldfisch schwimmt.
Land der Maßlosigkeit, des Fanatismus. Wahnsinn im spanischen Königshaus: Johanna von Kastilien und der bösartige Don Carlos, den Schiller idealisiert hat. Die verkrüppelten und verwachsenen Hofnarren des Velazquez und Goyas Höllen- und Hexenvisionen. Extreme ohne Ausgleich. Wechsel zwischen Mondlandschaft und blühenden, fruchtbringenden Huertas. Wüsteneien neben Wein, Reis, Orangen, Baumwolle, Paprika. Grenzenlose Armut neben überschwenglichem Reichtum. Pracht der Kirchen neben Behausungen des Elends. Höhlenwohnungen mit Teppichen ausgelegt. Land der Vergewaltigung. Frauen hinter Gitter und in Innenhöfe gesperrt. Überbewertung männlicher Potenz, die

ancient Rome, the burning of heretics, the butchery amongst the natives in newly discovered lands. The victim has no chance. When the dead bull is dragged out of the arena by a horse leaving a broad trail of blood in the sand behind it, I have to think of Pizarro, Philip the Second and the tortures of the Inquisition. I also think of the lamp I saw in Valencia. It is filled with water, and a goldfish swims in it.
Land of extravagance, of fanaticism. Royal insanity: Johanna of Castile and the evil Don Carlos, idealised by Schiller. The crippled and deformed court jesters of Velazquez and Goya's visions of hell and witches.
Extremes without compensation. Changes between moonscape and blooming, fruit bearing *huertas*. Wilderness next to wine, rice, oranges, cotton, paprika. Infinite poverty side-by-side with extravagant riches. Splendid churches next to shacks of misery. Raped land. Cave dwelling with carpets. Women behind bars and imprisoned in courtyards. Overrating male potency making the embrace a compulsory exercise, splitting love apart from sexuality and leaving no room for tenderness. Raped stone in late Gothic style where the tracery forms plaits and pretzels; in the Baroque period and in the buildings of the architect, Gaudi, where stone puffs up like pastry, is deformed to entrails, and pillars look like sawn-off bones, where chimneys degenerate to pyramid cakes and towers look

ge d'esthétique, d'érotisme, de sadisme, d'homosexualité, de peur des démons et de hardiesse. La course de taureaux exerce une fascination cruelle. Goya, Picasso, Hemingway. Elle suit la tradition des combats de gladiateurs romains, des bûchers de sorcières et des massacres faits parmi les indigènes des pays conquis. La victime n'a aucune chance. Quand le taureau mort, qui laisse dans le sable une large traînée de sang, est tiré hors de l'arène par un attelage de mules, je pense à Pizarre, à Philippe II, aux tortures de l'Inquisition et aux horreurs de la guerre civile, telles que Picasso les a représentées dans son tableau «Guernica». Je pense aussi à la lampe que j'ai vue à Valence: elle est remplie d'eau, un poisson rouge y nage à l'intérieur.
C'est le pays de la démesure, du fanatisme. La folie régnait dans la maison royale d'Espagne: Jeanne de Castille et le cruel Don Carlos que Schiller a idéalisé. Les bouffons de la cour estropiés et difformes peints par Vélasquez, et les visions de Goya, infernales et peuplées de sorcières.
Des extrêmes sans équilibre. On passe d'un paysage lunaire à des huertas fleuries, pleines de fruits. Des déserts côtoient la vigne, le riz, les oranges, le coton et les piments. On voit une pauvreté incommensurable, à côté d'une richesse débordante. Le faste des églises à côté d'habitations misérables. Des cavernes troglodytiques au sol recouvert de tapis. Le pays du viol. Des femmes enfermées derrière

Umarmung zur Pflichtübung macht, Liebe von Sexualität trennt, Zärtlichkeit ausschließt. Vergewaltigter Stein in der Spätgotik, wo sich das Maßwerk wie Backwerk zu Zöpfen und Brezeln formt; im Hochbarock und in den Bauten des Architekten Gaudi in Barcelona, wo sich der Stein wie Teig bläht, zu Eingeweiden deformiert wird, Säulen wie abgesägte Knochen aussehen, Schornsteine zu Baumkuchen entarten, Türme Coca-Cola-Flaschen gleichen, wo Stein wulstig über Kanten kleckert und Bildhauer übergelaufene Kochtöpfe zu modellieren scheinen.

Finstere Frömmigkeit, ekstatische Verzückung bei El Greco und Zurbaran, byzantinische Heiligenverehrung, neben den vergeistigten Apostelgestalten in Santiago de Compostela düstere, stupide Märtyrer.

Die Toleranz der Mauren, die über 700 Jahre den Südteil Spaniens besetzt hielten, gegen die Grausamkeit eines Christentums ohne Gnade. Der feingliedrige Bau der Moschee von Cordoba, in die Karl V. mit der Faust des gotischen Chores sein PLUS ULTRA schlägt. Schrei, Protest in Stein: Unser Gott ist größer und mächtiger. Der sanfte Fischer Jakobus als Matamoro, als Maurentöter. Ignatius von Loyola als Offizier Christi. Der Escorial als Kaserne Gottes. Der Alkazar in Toledo als heroisches Beispiel sinnlosen Todes. Das Telefongespräch des Vaters General, der seinem eingeschlossenen Sohn zu sterben befiehlt. Die grauenvolle Todesapotheose Held, Vater-

like Coca-Cola bottles, stone dribbles thickly over edges and sculptors seem to model overflowing pots and pans.

Dark devotion, the ecstatic rapture of El Greco and Zurbaran, Byzantine adoration of saints, gloomy stupid martyrs next to the spiritualised figures of the Apostles in Santiago de Compostela.

The tolerance of the Moors, who kept the southern part of Spain for 700 years under their dominance, as opposed to the merciless cruelty of Christianity. The finely structured building of the Cordoba Mosque in which Charles V struck his *plus ultra* with the fist of the Gothic choir. Scream, protest in stone: Our God is greater and more powerful. The gentle fisherman Jacob as Matamoro, as killer of Moors. Ignatius of Loyola as officer of Christ. The Escorial as God's barracks. The Alcazar in Toledo as heroic example of senseless death. The telephone conversation of the father, general, who orders his incarcerated son to die. The terrible death-apotheosis. Hero, fatherland, fame, death in the underground cathedral in the Valley of the Fallen where Franco was buried.

In the street of whores in Barcelona where it smells of sweet perfume, oil, incense, disinfecting agents, and garlic; brothel next to the church, prophylactic washing next to the confessional, the dermatologist's consultancy next to the chapel, sale of contraceptives next to stalls with religious articles.

des grilles ou dans des cours intérieures. Une extrême valorisation de la virilité: les rapports quotidiens deviennent des devoirs obligatoires, on sépare l'amour de la sexualité, on exclut la tendresse. A l'époque du Gothique fleuri, on fait violence à la pierre et l'architecture prend des formes de pâtisseries: des tresses et des bretzels; on retrouve ce phénomène dans l'art baroque flamboyant et dans les constructions de l'architecte Gaudi à Barcelone, où la pierre se gonfle comme une pâte, se déforme comme des boyaux; les colonnes ressemblent à des os sciés, les cheminées à des pièces-montées et les tours à des bouteilles de coca cola; la pierre renflée dépasse ses bords et les sculpteurs semblent modeler des marmites qui débordent. La piété sombre, l'extase chez le Greco et chez Zurbaran, une adoration byzantine des Saints avec des visages éthérés d'apôtres à Saint-Jacques de Compostelle, des martyrs stupides et ténébreux.

La tolérance des Maures qui occupèrent, pendant plus de 700 ans, le Sud de l'Espagne s'oppose à la cruauté d'un christianisme impitoyable. La gracilité architectonique de la mosquée de Cordoue, où Charles Quint a ajouté un chœur gothique pour illustrer son PLUS ULTRA. Un cri, une protestation en pierre: notre Dieu est plus grand et plus puissant. Jacques, le doux pêcheur, est un matamore, un tueur de Maures. Ignace de Loyola, en officier du Christ. L'Escurial est la caserne de Dieu. L'Alcazar de Tolède est l'exemple héro-

land, Ruhm, Tod in der unterirdischen Kathedrale im Tal der Gefallenen, wo sich Franco
beisetzen ließ.
In den Hurengassen Barcelonas, wo es nach
süßem Parfüm, heißem Öl, Weihrauch, Desinfektionsmitteln und Knoblauch riecht,
Bordell neben Kirche, vorbeugende
Waschungen neben Beichtstuhl, Praxis des
Hautarztes neben der Kapelle, Präservativ-
verkauf neben Devotionalienhandel.
Spanische Heilige, deren Geschichten die
ganze Spannweite spanischen Denkens,
spanischen Lebens und spanischer Landschaft
demonstrieren. In Avila, Stadt, die in ein
Korsett von Mauern und Türmen geschnürt
ist, die heilige Teresa, eine Dichterin und
Mystikerin, eine schöne Seele, die Ruhe und
Versenkung in der Religion fand, Pietismus
und Quietismus, die dem Orden der
Karmeliterinnen einen neuen Sinn gab.
In Siguenza aber die heilige Librada. Ihre
Mutter quittierte die Potenz ihres königlichen
Gemahls, indem sie an einem Tag neun
lebende Kinder gebar. Sie erschrak über solch
monströse Fruchtbarkeit und befahl der
Amme, die neun Kinder zu ertränken: Diese
widersetzte sich dem unmenschlichen Gebot
und gab die Kinder an christliche Familien.
Aber der Vater erfuhr davon und befahl,
alle neun Kinder zu enthaupten. Einzig die
Tochter Librada kam mit dem Leben
davon. Weil sie aber um ihre Tugend fürchtete,
bat sie Gott, ihr einen Bart wachsen zu lassen.

Spanish saints, whose stories demonstrate the
complete range of Spanish thinking, life, and
landscape. In Avila, a town strapped into a
corset of walls and towers, the home of Saint
Teresa, a poetess and mystic, a beautiful soul
that found peace and submersion in religion,
the devoutness and quietism which gave the
order of the Carmelites a new awareness.
The Saint Librada in Siguenza. Her mother
acknowledged the vitality of her royal husband
by bearing him nine children in one day. She
was terrified by such monstrous fertility and
ordered the midwife to drown the nine children.
The midwife could not carry out such an
inhuman order and gave the children to
Christian families. But the father found out
and ordered all nine children to be beheaded.
Only the daughter, Librada, survived. Because
she was afraid for her chastity, however, she
asked God to grow her a beard.
Spaniards are born extremists, anarchists and
individualists: "I must when I want to." The
chaste Librada and the love-mad Carmen.
The saint who castrated himself after having
seen the naked foot of his mother. That bulk
consumer of sex, Don Juan. Don Quixote
who fought windmills. The Conquistadors,
who slaughtered peoples and plundered newly
discovered lands.
The extremes which are also to be seen in the
landscapes make Spain a country full of
nostalgic retreats in so far as it is not plagued
by tourists, and thus Spain, too, belongs to

ïque d'une mort absurde. Le coup de téléphone du père-général qui donne, à son fils enfer-
mé, l'ordre de mourir. L'apothéose de mort
horrible, héros, patrie, gloire et mort dans la
cathédrale souterraine de la Vallée des morts,
où Franco s'est fait inhumé.
Dans le quartier des putains de Barcelone, on
sent des odeurs de patchouli, d'huile chaude,
d'encens, de produits de désinfection et d'ail;
le bordel est voisin de l'église, on procède à
des ablutions non loin des confessionnaux, le
cabinet du dermatologue jouxte la chapelle,
on vend des préservatifs à côté d'objets religieux.
Les Saints espagnols démontrent, par leur histoire, toute l'ampleur de la pensée espagnole,
de la vie et du paysage espagnols. A Avila,
la ville qui est serrée dans un corset de murs
et de tours, naquit sainte Thérèse, écrivain et
mystique, une belle âme, qui trouva le calme
et l'oubli dans la religion, le piétisme et le
quiétisme qui donnèrent un sens nouveau à
l'ordre des carmélites.
Et sainte Librade, à Siguenza. Sa mère démon-
tra la puissance virile de son époux royal en
mettant au monde, en un jour, neuf enfants
bien vivants. Elle fut terrifiée par cette fécon-
dité monstrueuse et ordonna à la nourrice de
noyer les neuf enfants. Celle-ci refusa de sui-
vre cet ordre inhumain et confia les enfants
à des familles chrétiennes. Le père l'apprit et
fit décapiter les neuf enfants. Seule, sa fille Librade survécut. Mais comme elle craignait

Die Spanier sind geborene Extremisten, Anarchisten und Individualisten: „Ich muß, wenn ich will." Die tugendsame Librada gegen die liebestolle Carmen. Der Heilige, der sich entmannte, als er den nackten Fuß seiner Mutter gesehen hatte. Der sexuelle Großverbraucher Don Juan. Don Quichotte, der gegen Windmühlen focht. Die Conquistadoren, die Völkerstämme abschlachteten und neu entdeckte Länder ausplünderten.

Die Extreme, die sich auch in der Landschaft demonstrieren, machen Spanien, soweit es noch nicht vertouristet ist, zu einem Land voller Schlupfwinkel, nach denen man Heimweh bekommt, und so gehört auch dieses Land zur Heimat Europa. Und es ist eines der wenigen Länder, die, wenn man von den Touristen absieht, nie von Deutschen besetzt worden sind, während wir das Glück haben, von den Spaniern nicht entdeckt worden zu sein. So haben sich die beiden Völker nichts nachzutragen. Vielleicht hat sich daraus die tiefe Sympathie entwickelt, die sie miteinander verbindet.

Über die Grenze nach Portugal. In der reichen Landschaft dominieren in Häusern und Menschen die Farben Weiß und Schwarz. Portugal war als Seefahrer- und Entdeckerstaat in der kurzen Zeit seiner Selbständigkeit einer der reichsten Handelsstaaten der Welt. Aber die Portugiesen hatten am längsten in Europa unter faschistischer Diktatur zu leiden.

homeland Europe. And it is one of the few countries which has never been occupied by the Germans, apart from the tourists, and, on the other hand, the Germans were lucky never to have been discovered by the Spaniards. Thus neither people bear a grudge. Perhaps it is this fact that explains the deep sympathy between the two.

Across the border to Portugal. In the rich landscape the white and black colours of the houses and people dominate. Portugal was one of the richest trading nations of the world as sea-faring and explorer nation during its short period of independence. But the Portuguese have had to suffer under fascist dictatorship more than any other European country. Recently they proved that long isolation, lack of freedom, and tutelage makes human beings defenceless and delivers them into the hands of even the worst organised powers. Only communism is well organised on the Iberian peninsula. Fascist dictatorship, as the Portuguese example seems to show, is a particularly good breeding ground for a communist dictatorship. That Portugal and Spain will one day belong to Europe thanks to a truly democratic constitution, and that no new busts of dictators trouble the homesickness we have for these countries, that is a goal we wish for from the depths of our souls. The elections in Portugal showed that the populace has an overriding desire for freedom and democracy.

pour sa vertu, elle pria Dieu de lui faire pousser une barbe.

Les Espagnols sont des extrémistes, des anarchistes, des individualistes nés: «Je dois, si je veux.» La vertueuse Librade est voisine de Carmen, une nymphomane. Le Saint qui s'émascule, parce qu'il avait vu le pied nu de sa mère. Ce grand consommateur du sexe qu'était Don Juan. Don Quichotte se bat contre des moulins, et contre les conquistadores qui dépeuplèrent et pillèrent les pays qu'ils venaient de découvrir.

Les extrêmes qui se manifestent aussi dans le Paysage font de l'Espagne, tant qu'elle n'a pas été «touristisée», un pays plein de recoins, dont on a la nostalgie, et ainsi elle fait aussi partie de la patrie Europe. C'est un des rares pays qui n'a jamais été occupé par les Allemands, les touristes exceptés, et nous avons la chance de n'avoir pas été une découverte des Espagnols. Ainsi, ces deux peuples n'ont rien à se reprocher. Et c'est peut-être la raison de la profonde sympathie qui les relie.

Nous passons la frontière du Portugal. Le blanc et le noir sont deux couleurs dominantes qui caractérisent les maisons et les gens, dans un paysage riche. Le Portugal était, pendant la courte époque de son indépendance, un des plus riches états de commerce du monde, avec les navigateurs qui firent la découverte de terres nouvelles! Mais les Portugais eurent à subir la plus longue dictature fasciste de l'Europe.

Sie bewiesen in jüngster Zeit, daß lange
Isolation, Unfreiheit und Entmündigung den
Menschen wehrlos machen, ihn allen noch so
schlecht organisierten Kräften ausliefern
können. Gut organisiert auf der Iberischen
Halbinsel ist nur der Kommunismus.
Faschistische Diktatur, so wollte es uns am
Beispiel Portugal erscheinen, leistet eine
beklagenswert gute Vorarbeit für eine Diktatur
des Kommunismus. Daß Portugal und Spanien
durch eine wahrhaft demokratische Verfassung
zur Heimat Europa gehören, daß dort nicht
neue Diktatorenbüsten gegen unser Heimweh
nach diesen Ländern errichtet werden, das ist
ein Ziel, aufs innigste zu wünschen. Portugal
hat in den Wahlen bewiesen, daß es Freiheit
und Demokratie wünscht.

Tout récemment encore, ils prouvèrent qu'une
longue isolation, le manque de liberté, l'interdiction civique font de l'homme un être dés-
armé, livré a toutes les forces, même si elles sont
mal organisées. Il n'y a que le communisme à
être bien organisé sur la presqu'île ibérique. La
dictature fasciste, telle qu'elle était pratiquée
au Portugal, nous paraît malheureusement
trop bien préparer l'installation d'une dictature communiste. Que le Portugal et l'Espagne puissent faire partie inhérente de la
patrie Europe, grâce à une constitution vraiment démocratique, que de nouveaux bustes
de dictateurs ne s'y érigent pas contre la
nostalgie que nous avons de ces pays, c'est le
but dont nous souhaitons ardemment la réali-
sation. Le Portugal a prouvé par son choix
qu'il désire la liberté et la démocratie.

Dies Eiland, in die Silbersee getaucht

This Precious Stone Set in a Silver Sea · Une île plongée dans une mer d'argent

„Der Durchschnittsengländer ist zu schüchtern, ein Held zu sein, wenn er nicht dazu aufgefordert wird. Das britische Temperament verschwendet Heroismus niemals an unnötige Dinge", sagte Lloyd George und synchronisiert damit den Gegensatz zwischen Spanien und England, der sich in der Landschaft kundtut, auch in den Charakteren der Bewohner der Halbinsel und der Insel. Wenn bei der Überfahrt über den Kanal die Felsen von Dover auftauchen, dann steigt aus unserem Unterbewußtsein Shakespeares schönes Wort vom „Eiland, in die Silbersee getaucht" empor. England ist eine natürliche Festung. Der größte Teil seiner Küsten demonstriert Abwehr. Häuser am Meer, vom Nebel versteckt, vom Sturm umbrüllt, von der Brandung begischtet. Schauplätze für Kriminalromane von Agatha Christie, für Abenteuergeschichten von Robert Louis Stevenson. Englands Küsten erhalten das Land, wirken bewahrend, konservativ, begünstigen nationalen und personellen Individualismus. „Jeder Engländer ist eine Insel", sagt Novalis. Land der Schlösser und der Gespenster; aber vergessen wir nicht die lieblichen Gefilde von Wales, die anmutigen Berge und Hügel, das Grün der Matten, das bisweilen an die Schweiz oder an das Allgäu erinnert. Landstädte, geruhsam und schrullig. Ich bin ein ziemlich begeisterungsfähiger Mensch, der das Glück hat, zuweilen Dingen oder Personen zu begegnen, die in mir lautes

"The average Englishman is too modest to be a hero when he is not called upon to be one. The British temperament never wastes heroism on unnecessary things", said Lloyd George and thus laid bare the contrast between Spain and England, which can be seen in the landscape and also the character of the inhabitants of the peninsula and the island.
As the Cliffs of Dover appear on the horizon when crossing the Channel Shakespeare's well-chosen words come subconsciously to the fore "This sceptered isle … this precious stone set in a silver sea." England is a natural fortress. The large part of its coasts demonstrate defence. Houses on the sea hidden by mist, engulfed by roaring storms, drenched by breakers. Show-place for thrillers by Agatha Christie, for the adventure stories of Robert Louis Stevenson. England's coasts preserve the country, are protecting, conservative, foster national and personal individualism. "Every Englishman is an island", says Novalis. Land of castles and ghosts; but don't let us forget the charming fields of Wales, the graceful mountains and hills, the green of the meadows that occasionally remind one of Switzerland of the Allgäu. Country towns, peaceful and whimsical.
I am an easily enthused person and lucky enough to meet persons or things that trigger great pleasure within me. If I use, however, particularly sybaritic words of a person of the

«S'il n'y est pas obligé, l'Anglais est trop timide pour être un héros. Le tempérament britannique ne gaspille jamais l'héroïsme à des choses inutiles», disait Lloyd George et par ces mots, il synchronise le contraste formé par l'Espagne et l'Angleterre, visible dans le paysage et aussi chez les habitants de cette presqu'île et de cette île.
Quand, au cours de la traversée de la Manche, les falaises de Douvres apparaissent, une belle image de Shakespeare nous revient à l'esprit: «Une île plongée dans une mer d'argent.» L'Angleterre est une citadelle naturelle. La majeure partie de ses côtes symbolise la défense. Des maisons au bord de la mer, cachées dans le brouillard, assaillies par les cris de la tempête, éclaboussées par le ressac. Elles pourraient servir de cadre aux romans policiers d'Agatha Christie et aux histoires d'aventures de Robert Louis Stevenson. Les côtes d'Angleterre gardent le pays, elles ont l'air protectrices, conservatrices, et favorisent l'individualisme national et personnel. «Chaque Anglais est une île», dit Novalis. Pays de châteaux et de fantômes, mais n'oublions pas la campagne charmante du pays de Galles, les montagnes et les collines gracieuses, le vert des pâturages qui rapellent parfois la Suisse et l'Allgäu. Les villes campagnardes, paisibles et fantasques.
Je suis un être qui s'enthousiasme assez facilement, et j'ai la chance de rencontrer, parfois, des choses ou des gens, qui me remplissent de

Wohlgefallen auslösen. Wenn mir aber zu einem weiblichen Wesen, von dem ich am Familientisch erzähle, besonders schwelgerische Worte einfallen, dann pflegt mich eine meiner Töchter als angegammelten Minnesänger zu brandmarken, indem sie Schiller zitiert: „Kommt zu Euch selbst, Mylord von Shrewsbury! Das müssen Reize sondergleichen sein, die einen Greis in solches Feuer setzen." Das Zitat stammt aus „Maria Stuart", wo die schieche Königin Elisabeth ihren Gefolgsmann, als er die schöne Maria Stuart mit allzu vielen schönen Reden preist, mit der oben erwähnten bitteren Ironie in die Schranken weist.

Einen Tag zuvor hatten wir die Westminster-Abbey in London besucht, in der die beiden Frauenzimmer unter einem Dach begraben liegen, und uns ausgemalt, welche Szene damit wohl beim Jüngsten Gericht zu befürchten sei. Wir hatten im Tower festgestellt, daß Englands Geschichte auch nicht mit Dünnbier geschrieben worden ist und daß die Engländer zu den wenigen Völkern gehören, die Königinnen hinrichten ließen. Wir hatten uns am Beispiel der Königinnen Elisabeth und Victoria klargemacht, wie sehr der Geschlechts-neid die Geschichte zu beeinflussen ver-mag.

Heute hatten wir Birmingham hinter uns gelassen, dessen rauchende Schlote Zeugnis davon ablegen, welche Strafe es sein muß, im Atembereich dieser Städte zu leben, und

opposite sex, and at the family table as well, then my daughter will brand me as a minstrel tramp by quoting Schiller: "Recover your senses, Milord Shrewsbury! Those must be matchless charms that so set afire an old man." The quote is from *Maria Stuart* wherein the angry Queen Elizabeth puts her suitor in his proper place with the above words when he extols the beautiful Mary Stuart with all too glowing phrases.

The previous day we had visited Westminster Abbey in London where both ladies lie under the same roof. There we had tried to imagine just what sort of a scene would have occurred at the Last Judgement. In the Tower we had seen that England's history was not made of watery beer and that the English belong to those few peoples who executed queens. The example of Queen Elizabeth and Queen Victoria made it clear to us just how much family jealousy could influence the course of history.

Today we left Birmingham behind us, whose smoking smokestacks made it plain just what a punishment it must be to live within breathing distance of this city, and have reached charming Wales whose rich landscape looks as if all the gravy cooked and roasted in English kitchens had seeped into it. Suddenly we saw a sign on the motorway pointing to Shrewsbury, this made us curious to get to know the county of that loquacious, oft-quoted old man.

ravissement. Mais si, à la table familiale, j'emploie, pour décrire une personne de sexe féminin, des termes particulièrement volup-tueux, l'une de mes filles me stigmatise, d'ha-bitude, sous les traits d'un troubadour décati, en citant Schiller: « Reprenez vos esprits, Mi-lord de Shrewsbury! Ils doivent être incompa-rables, les charmes qui enflamment un vieil-lard à ce point. » C'est une citation tirée de « Maria Stuart », où la terrifiante reine Elisa-beth remet à sa place, avec une ironie amère, un de ses courtisans qui fait les trop belles louanges de la belle Marie Stuart.

La veille, nous avions visité, à Londres l'ab-baye de Westminster, où les deux femmes gi-sent sous le même toit, et nous avions imagi-né la scène qu'elles pourraient se faire lors du Jugement Dernier. Dans le Tower nous avions constaté que l'histoire d'Angleterre n'est pas, non plus, édulcorée et que les An-glais font partie de ces rares peuples qui ont fait exécuter des reines. En prenant l'exemple des reines Elisabeth et Victoria nous nous étions rendu compte de l'influence importante qu'une rivalité intersexe peut exercer sur l'his-toire.

Aujourd'hui nous avons dépassé Birmingham dont les cheminées fumantes font la preuve que vivre dans l'atmosphère de cette ville est une punition. Nous sommes arrivés au char-mant pays de Galles dont le paysage dru a l'air d'avoir reçu tout le jus que la cuisine anglaise tire de sa viande, cuite ou bouillie.

waren in das liebliche Wales gekommen, dessen pralle Landschaft aussieht, als sei ihr aller Saft zugeflossen, den die englische Küche aus dem Fleisch kocht und brät. Plötzlich sahen wir an der Autobahn einen Hinweis auf Shrewsbury, und das machte uns neugierig, die Grafschaft des beredten, viel zitierten Greises kennenzulernen.

Shrewsbury gehört zu den schrulligen Kleinstädten, die England so liebenswürdig machen und die aussehen, als seien sie zum Schauplatz für Shakespeares oder Nicolais „Lustige Weiber von Windsor" gebaut worden. Ein Fluß, der sich um die Stadt schnörkelt. Frische, ungeschnaufte Luft. Kleinkarierte Fachwerkhäuser, die Winkel für Spitzweg-idyllen bilden. Gelbe Läden, weiße Fensterrahmen auf roten Backsteinmauern. Feingliedrige Wirtshausschilder, die sich zu Namen und Bildern verschlingen. Einladende Pubs, die so tun, als gäbe es keinen streng geregelten Fahrplan für den Bierausschank. Besonders der Gasthof zum „Goldenen Löwen" gab sich, als wäre darin die englische Küche genießbar. In der Spitalgasse sperrten drei Krankenwagen ihre gähnenden Mäuler auf.

Wir machten einen Ladenbummel und betrachteten die Schaufenster voller Absurditäten. Ob es sich um Möbel, Lampen oder Wäsche handelte: die Stadt Shrewsbury machte aus all diesen Dingen Kostüme oder Versatzstücke für einen Bühnenschwank. Fasziniert aber waren wir von einem Hutladen, dessen

Shrewsbury is one of those whimsical small towns which make England so charming and which looks as if it was built as a showplace for Shakespeare's or Nicolai's "Merry Wives of Windsor." A river winds its way around the town. Clear, pure air. Small half-timbered houses with corners for Spitzweg idylls. Yellowing shops, white window frames against the background of red bricks. Finely made pub signs forming themselves to words and pictures. Inviting pubs acting as if there were no drinking hours. In particular the "Golden Lion" hotel trying to prove that English cooking is edible. In the alley leading to the hospital three ambulances yawned with their immense mouths open.

We went window-shopping and looked at windows full of absurd things. Whether furniture, lamps, or underwear: the town of Shrewsbury turned all these things into costumes or pawning pieces for a stage play. We were, however, fascinated by a hat shop whose window transfixed us. Behind the pane was a tussle of pop-colours each biting the other. Voluptuous yellow clashed with morbid lilac. Sugar-sweet pink and poisonous green. Ox-blood red and faded brown. These colours were allotted the strangest shapes: flower pots, cooking pots, chamber-pots, flat cakes, hemispheres, cylinders with tassels, tufts, buttons, ribbons, feathers, and flowers of felt, plastic, velvet, straw, rep, and silk. It all looked as if Hieronymus Bosch had joined

Tout à coup, nous vîmes, au bord de l'autoroute, un indicateur de Shrewsbury et nous fûmes curieux de faire la connaissance du comté de ce prolixe vieillard, si souvent cité.

Shrewsbury est une de ces petites villes originales qui rendent l'Angleterre si plaisante et qui ont l'air d'avoir été bâties pour servir de théâtre aux « Joyeuses commères de Windsor » de Shakespeare ou de Nicolaï. Un fleuve qui enlace la ville de ses méandres. Un air pur qui n'est pas raréfié. Des maisons à colombages à carreaux abritent des idylles, façon Spitzweg. Des volets jaunes, les encadrements blancs des fenêtres sur des murs de briques rouges. Des enseignes d'auberge en filigrane avec des noms et des dessins en lacis. Des pubs engageants qui ont l'air d'ignorer qu'il existe un horaire strict pour régler la vente de la bière. L'auberge du « Lion d'or », en particulier, semblait vouloir faire croire que la cuisine anglaise y était mangeable. Dans la ruelle de l'Hôpital, trois ambulances ouvraient grand leurs gueules baîllantes.

Nous fîmes du lèche-vitrines et contemplèrent les absurdités qu'elles contenaient. Qu'il s'agisse de meubles, de lampes ou de linge: la ville de Shrewsbury donnait à tous les objets l'aspect des costumes ou des oripeaux d'une farce théâtrale. Nous fûmes particulièrement fascinés par une chapellerie, dont la vitrine nous retint longtemps. C'était, derrière la vitrine, une dispute de couleurs pop d'un

Schaufenster uns lange fesselte. Denn hinter der Scheibe fand eine Rauferei popiger Farben statt, die sich gegenseitig bissen. Geiles Gelb knallte gegen morbides Lila. Verzuckertes Rosa gegen giftiges Grün. Ochsenblütiges Rot gegen verschossenes Braun. Diese Farben waren den absonderlichsten Formen zugeteilt: Blumen-, Koch- und Nachttöpfe, Fladen, Halbkugeln, Zylinder mit Troddeln, Quasten, Knöpfen, Bändern, Federn und Blumen aus Filz, Plastik, Samt, Stroh, Rips und Seide. Das Geschäft sah aus, als hätte sich Hieronymus Bosch mit Franz Kafka zusammengetan, um einen Hutsalon zu betreiben. Jeder dieser Hüte, einer nackten Frau aufgesetzt, hätte genügt, Armeen von Männern in die Flucht zu treiben. Maria Stuart, mit einem dieser Hüte behauptet, wäre nimmermehr begehrt; Helena niemals geraubt; das Schneewittchen nie und nimmer geweckt worden; Emilia Galotti hätte ihre Unschuld behalten, Gretchen im Garten der Frau Marthe allein spazieren gehen müssen. Romeo wäre beim Anblick eines solchen Hutes auf Juliens Haupt vom Balkon gestürzt, Susanna im Bade wäre nicht belauscht worden und Lots Töchtern die Blutschande erspart geblieben.
Die Fröhlichkeit angesichts dieses Schaufensters machte uns hungrig. Wir betraten ein Restaurant, wo eine freundliche alte Dame unsere Wünsche zu befriedigen versprach. Sie servierte ein Bier, das durch

forces with Franz Kafka to run a hatter's shop. Each one of these hats, on the head of a naked lady, would have sufficed to disperse armies of men in flight. Mary Stuart, had she worn one of these hats, would nevermore be coveted; Helen never abducted; Snow White never awakened; Emilia Galotti would have remained chaste; Gretchen would have had to make her walk in Dame Martha's garden alone. Romeo would have fallen from the balcony on seeing such a hat on Juliet's head; Susanna would not have been eavesdropped upon in the bath; and Lot's daughters would have been spared incest. The mirth created by this window made us hungry. We entered a restaurant where a friendly old lady promised us full satisfaction. She served us a beer unspoiled by a frothing top and about the same temperature as the soup, which again proved that England was surrounded by water. The roast beef came from the times of the Earl of Shrewsbury and even had it been edible it would have been made inedible by the sauce. The fallow bits of a straw hat in the sauce were supposed to be cabbage, and the greenish potatoes were warmed up again in our honour. The peas had the same sort of hardness as shown by Elizabeth to Mary Stuart. One could at the most demonstrate the laws of free fall, and following the hard landing on the newly waxed floor they rolled to the south on the sloping floor.

assemblage criard. Un jaune agressif se heurtait à un lilas morbide. Un rose sucré à un vert cru. Un rouge sang-de-bœuf à un brun fâné. On avait donné ces couleurs aux formes les plus curieuses: des vases de fleurs, des vases de nuit, des marmites, des crèpes, des hémisphères, des cylindres à franges, des houpes, des boutons, des rubans, des plumes et des fleurs en feutre, en plastique, en velours, en paille, en reps et en soie. En regardant ce magasin, on avait l'impression que Hieronymus Bosch et Franz Kafka s'étaient associés pour gérer une chapellerie. Chacun de ces chapeaux, sur la tête d'une femme nue, aurait suffi à faire fuir une armée. Nantie d'un de ces chapeaux, Marie Stuart n'aurait plus jamais été désirable; Hélène n'aurait jamais été enlevée; Blanche Neige jamais tirée de son sommeil; Emilia Galotti aurait gardé son innocence, et Marguerite aurait fait seule sa promenade dans le jardin de Marthe. A la vue d'un tel chapeau sur la tête de Juliette, Roméo aurait dégringolé du balcon, Suzanne n'aurait pas été épiée dans son bain, et l'inceste aurait été épargné aux filles de Loth. Chacun de ces chapeaux aurait éteint toute inclination et neutralisé le rut des Italiens. L'amusement provoqué à la vue de cette vitrine nous avait donné faim. Nous pénétrâmes dans un restaurant où une aimable vieille dame nous promit de satisfaire nos désirs. Elle nous servit une bière que ne déparait aucun chapeau de mousse et qui avait, à peu près,

keinen Schaumhut verunstaltet war und ungefähr die gleiche Temperatur hatte wie die Suppe, die wiederum darauf hinwies, daß England von Wasser umgeben sei. Das Rostbeef stammte von einem Altersgenossen des Grafen Shrewsbury und wäre, sofern es genießbar gewesen, von der Sauce ungenießbar gemacht worden. Die falben Teile eines Strohhuts in dünner Brühe wurden als Kohl deklariert, und grünliche Kartoffeln waren uns zu Ehren ganz frisch aufgewärmt. Die Erbsen hatten die Härte, die Elisabeth der schottischen Marie gegenüber bewies. Man konnte mit ihnen die Gesetze des freien Falls demonstrieren, wobei sie nach hartem Aufschlag auf der nach Bohnerwachs duftenden schiefen Ebene des Bodens gen Süden rollten.

Aber das war bald vergessen, denn die englische Küche trachtet danach, durch ständige Wiederholung solchen Erlebnissen jeden Anflug von Originalität zu nehmen. Originell, platterdings unüberbietbar jedoch bleiben die Damenhüte von Shrewsbury. Und werde ich am häuslichen Mittagstisch wieder einmal in einem Preislied auf weibliche Schönheit durch den Hinweis auf Shrewsbury gehemmt, so werde ich nicht mehr mit dem Verweis der Elisabeth an den in Feuer geratenen Greis unterbrochen, sondern mit der Frage, ob die gepriesene Dame wohl dem Schmuck eines Hutes aus Shrewsbury gewachsen sei.

But that was quickly forgotten because English cooking tries hard to destroy all attempts at originality by endlessly repeating such experiences. The ladies' hats of Shrewsbury were of great originality and completely unrivalled. And when next I am checked at lunch while extolling female beauty by the reference to Shrewsbury, then I will no longer be interrupted by the reference to Elizabeth and the lascivious old man, but with the question as to whether the lady in question was up to the trimmings of a Salopian hat.

la même température que la soupe qui, elle, prouvait, une fois de plus, que l'Angleterre est entourée d'eau. Le rosbif provenait d'un contemporain du comte de Shrewsbury, et s'il avait été mangeable, la sauce qui l'accompagnait l'aurait rendu incommestible. On avait appelé «choux» les éléments élavés d'un chapeau de paille servi dans un maigre bouillon, et des pommes de terre verdâtres avaient été fraîchement réchauffées en notre honneur. Les petits pois étaient aussi durs qu'Elisabeth l'avait été avec Marie l'Ecossaise. On pouvait, les employer à la démonstration des lois de la chute libre, puis, ils rebondissaient durement sur le plancher ciré pour rouler, sur le plan incliné, en direction du sud.

Mais nous oubliâmes rapidement cet incident qui, par sa répétition fréquente, enlève à la cuisine anglaise tout soupçon d'originalité. Les chapeaux pour dames de Shrewsbury restent, cependant, originaux et parfaitement inégalables. Et si jamais, alors que je fais à la table familiale l'éloge d'une beauté féminine, on veut me freiner avec une allusion à Shrewsbury, ce n'est plus avec le blâme fait par Elisabeth au vieillard enflammé, mais en me demandant si la dame glorifiée résisterait à l'épreuve d'un chapeau de Shrewsbury.

Die rote Insel

The Red Island · L'île rouge

Irland heißt die grüne Insel, weil sie vom
Golfstrom so lau umschmeichelt und fast
täglich vom Regen berieselt wird, daß dort
eine üppige, teilweise subtropische Flora
gedeiht. Für mich ist es die rote Insel.
Dieser Farbton wird schon in Cornwall an-
geschlagen, wo die Montbretien wild wachsen.
Das ins Orange hinüberspielende Rostrot
gibt auch in Irland den Ton an, wiederholt
sich in den Fuchsien, in der Haarfarbe von
Mädchen und Pferden, in den Sonnenuntergängen, in der Farbe von Hummer und
Lachs, an denen Irland so reich ist.
Das kleine Volk war literarisch ungeheuer
fruchtbar: Shaw, Wilde, Joyce, Swift,
Goldsmith, Yeats, Synge, O'Behan, O'Casey
und Beckett seien nur wahl- und systemlos
herausgepickt.
Nie war das irische Volk aggressiv, nie
schickte es Soldaten in fremde Länder. Wenn
die Iren außer Landes gingen, dann als
Missionare und als Auswanderer. Sie brachten
das Christentum auf den Kontinent. Aber
wie so oft in der kulturellen Entwicklung sind
die Fortschrittlichen von gestern die Zurückgebliebenen von heute – ob das Pietismus,
Deutsche Burschenschaft oder theoretischer
Marxismus heißt –, und so haben sich in
Nordirland als fast mittelalterlicher Überrest
mörderische Religionskämpfe erhalten.
Cromwells blutige Spur, der mit Patriotismus,
Glauben, Eroberungsgier, Feuer und Schwert,
Kirchenruinen und Leichen hinterlassend,

Ireland is named the Emerald Isle because
it is flattered by the mild Gulf Stream and
watered almost daily by rain, so that a
luxurious, partly sub-tropical flora flourishes.
For me it is the Red Island. This shade of
colour begins in Cornwall, where the mont-
bretia grows wild. The rusty red tipping over
into orange also calls the tune, repeating itself
in the fuchsias, in the hair of girls and horses,
in the sunsets, in the colour of the lobster and
salmon which so enrich Ireland.
This small people was incredibly rich in a
literary sense: Shaw, Wilde, Joyce, Swift,
Goldsmith, Yeats, Synge, Behan, O'Casey,
and Beckett are but a few picked at
random.
The Irish people were never aggressive, have
never sent soldiers into foreign countries.
When the Irish left their country it was as
missionaries or as emigrants. They brought
Christianity to the continent. But as so
often in cultural development the progressives
from yesteryear are the laggards of today
– whether it is called devotion, German
students' association, or theoretical Marxism –
and so it is that in Northern Ireland the
medieval leftovers of murderous religious wars
have remained. Cromwell's bloody trail
through Ireland that left behind it church ruins
and corpses in the name of patriotism, faith,
conquest, fire and sword, is continued in the
genocide between protestants and catholics,
rich and poor, colonisers and oppressed.

L'Irlande est appelée, l'île verte, parce que,
grâce aux caresses tièdes du gulf-stream et à
des ondées pratiquement quotidiennes, une
flore y prospère avec une exubérance presque
subtropicale. Pour moi, c'est l'île rouge. Cette
couleur s'annonce déjà en Cornouailles, où les
montbrétias poussent à l'état sauvage. Ce ton
de rouille qui passe à l'orange domine aussi
en Irlande, se retrouve dans les fuchsias, dans
la couleur des cheveux des filles et des crinié-
res de chevaux, dans les coucher de soleil,
dans le coloris des homards et des saumons
dont l'Irlande est si riche. Ce petit peuple a
produit une foule de littérateurs: Shaw, Wilde, Joyce, Swift, Goldsmith, Yeats, Synge,
O'Behan, O'Casey et Beckett pour ne citer
que quelques noms choisis au hasard.
Jamais, le peuple irlandais n'a été agressif, il
n'a jamais envoyé de soldats dans des pays
étrangers. Quand les Irlandais ont quitté leur
patrie, c'est en tant que missionnaires ou pour
s'expatrier. Ils introduisirent le christianisme
sur le continent. Mais comme cela a souvent
été le cas, dans le développement d'une civilisation, ceux qui étaient, hier, à l'avant-garde
du progrès, sont, aujourd'hui, les retardés de
la civilisation – qu'on appelle cela piétisme,
corporatisme allemand ou marxisme théori-
que – et ainsi, les luttes de religion meurtriè-
res, ces survivances presque moyenâgeuses,
ont subsisté dans l'Irlande du Nord. La trâce
sanglante de Cromwell qui a traversé l'Irlande, portée par le patriotisme, la foi, la soif

durch Irland zog, setzt sich im Bruderkrieg zwischen Protestanten und Katholiken, Reichen und Armen, Kolonisatoren und Unterdrückten fort.

Kein Wunder, daß ein Volk, das eine so starke Beziehung zur Religion hat und in der Literatur so fruchtbar war, die einzige Schlacht der Weltgeschichte um ein Copyright schlug. Sie fand bei Drumcliff statt. Die Mönche des Heiligen Kolumban borgten vom Heiligen Finian ein Psalter und stellten davon ohne Wissen des Besitzers eine Abschrift her. Als der Heilige Finian davon erfuhr, verlangte er sein Buch und die Kopie zurück. Aber die Mönche Kolumbans verweigerten die Herausgabe, und so kam es zur Schlacht zwischen den Anhängern der beiden Heiligen, die 3000 Menschenleben gekostet haben soll, die meisten davon seien Mönche gewesen. Nach dieser in die Geschichte eingegangenen Battle of the Books erbaten sich die beiden ums Urheberrecht streitenden Parteien ein Urteil vom Hochkönig Diarmud, der dies zugunsten des Verfassers damit begründete: „Wie das Kalb zur Kuh gehört, so gehört die Abschrift zum Original" – ein wahrhaft autorenfreundliches Urteil, das die Hersteller von Kopiergeräten an den Bettelstab brächte.

Irland: Land der Sänger, Säufer, Sagen, Seen. Land des Regens und des Nebels, des Biers und des Bruderkriegs.

Small wonder that a people with such strong ties to religion and so fertile in literature fought the only battle in world history over a copyright. It took place in Drumcliff. The monks of Saint Columban borrowed a psalter from Saint Finian and made a copy without the knowledge of the author. When Saint Finian found out about this he demanded his book and the copy back. But the monks of Columban refused and it came to a battle between the supporters of both saints and – apparently – cost the lives of some 3,000 persons, mostly monks. Following this historical "Battle of the Books" both warring factions asked judgement of King Diarmud. Diarmud decided in favour of the author: "As the calf belongs to the cow, so does the copy belong to the original" – a truly friendly judgement for authors, one that would reduce the manufacturers of copying machines to beggary.

Ireland: Land of singers, drinkers, sagas, lakes. Land of rain and mist, of beer and genocide.

de conquêtes, le feu et l'épée, parsemée de cadavres et d'églises en ruines, se perpétue dans la guerre civile entre les protestants et les catholiques, les riches et les pauvres, les colonisateurs et les opprimés.

Il n'y a donc rien d'étonnant à ce qu'un peuple, qui a des rapports si étroits avec la religion et dont la littérature est si féconde, livre, à propos d'un copyright, une bataille unique dans l'histoire mondiale. Elle eut lieu aux environs de Drumcliff. Les moines de Saint-Columban empruntèrent un psaume à Saint-Finian et en firent une copie, sans que son propriétaire en fût informé. Lorsque Saint-Finian l'apprit, il réclama son livre et la copie. Mais les moines de Columban refusèrent de les rendre et ce fut le point de départ de la bataille entre les deux Saints, qui aurait coûté 3 000 vies humaines, des moines pour la plupart.

Après cette historique « battle of the books », les deux partis qui se disputaient les droits d'auteur, demandèrent au roi Diarmud d'être juge. Il donna raison à l'auteur, avec ces paroles: « Comme le veau est à la vache, la copie appartient à l'original. » Ce jugement, indéniablement porté en faveur des auteurs, risquerait de provoquer la ruine des fabricants de machines à ronéotyper.

L'Irlande: un pays de chanteurs, d'ivrognes, de légendes et de lacs. Le pays de la pluie et du brouillard, de la bière et de la guerre civile.

Malerisches Tiefland

Picturesque Lowland · La basse pleine pittoresque

Die Beneluxländer Belgien, Niederlande und Luxemburg haben die größte Bevölkerungsdichte aller europäischen Staaten. Die Mündungsgebiete von Rhein und Schelde bieten sich als Häfen an. Die Ströme liegen zum Teil höher als das Land, das wie in der Zuidersee dem Meer abgerungen wird. Im Vorfeld der Bundesrepublik ist Holland eines unserer bevorzugten Urlaubsgebiete. Die Niederlande, zu denen früher auch Belgien gehörte, wurden von Burgund an Habsburg vererbt und bildeten den Mittelpunkt von Karls V. Weltreich, in dem die Sonne nie unterging. 1566 standen die evangelischen niederländischen Provinzen gegen Philipp II. auf. Der Norden wurde selbständig. Die Niederlande wurden zur größten Handels- und Seemacht im 17. Jahrhundert. New York, das zunächst New Amsterdam hieß, war eine holländische Siedlung. Niederländisch-Indien gehörte den Holländern. Der Gewürzhandel und die anfänglich spekulativ fundierte Tulpenzucht bildeten die Haupteinnahmequellen des Landes. Belgien wurde erst 1830, Luxemburg 1866 selbständig. Land der Maler: Memling, die Brüder van Eyck, Brueghel, Bosch, Hals, Vermeer, Rembrandt, Rubens, van Gogh. Land der Wasserstraßen und Radfahrwege, der Kanäle und Grachten, der Windmühlen und Zugbrücken, der Schiffe und Boote, der Stadthäuser und Kirchtürme, des Klinkers und der Kacheln, der Fischernetze und Fahrräder, der Rinder und des

The Benelux countries – Belgium, Holland, Luxembourg – are the most densely populated of all European countries. The estuaries of the Rhine and the Scheld are natural harbours. The rivers are sometimes higher than the land wrested from the sea, as in the Zuider Zee. The Netherlands, to which Belgium once belonged, was bequeathed from Burgundy to Habsburg and formed the centre of Charlemagne's empire in which the sun never set. In 1566 the Protestant Dutch provinces rose against Philip II. The north became independent. The Netherlands became one of the greatest mercantile and sea powers in the 17th century. New York, first called New Amsterdam, was a Dutch settlement. Dutch East Indies belonged to the Dutch. Trade with spices and the tulip cultivation, initially very speculative, formed the main source of income of the country. Belgium became independent in 1830, Luxembourg in 1866. Country of painters: Memling, the van Eyck brothers, Bruegel, Bosch, Hals, Rembrandt, Rubens, van Gogh. Land of waterways and cycling, canals, windmills and drawbridges, ships and boats, town houses and church spires, clinkers and Dutch tiles, fishing nets and tulip fields, cigars and appetizers, beer and gin. A language in which one says *brommfietse* for moped, certainly more attractive but also much funnier. Old towns with lovely squares, fruit, vegetables, and flowers on sale at the market. Low

Les pays du Bénélux, la Belgique, les Pays-Bas et le Luxembourg ont la plus forte densité démographique de tous les états européens. Les régions, aux embouchures du Rhin et de l'Escaut, sont très propices à l'installation de ports. Les cours d'eau sont, en partie, situés au-dessus du niveau des terres qui ont été, comme dans le Zuiderzée, conquises sur la mer. La Hollande est un des pays d'élection du tourisme de l'Allemagne du Nord. Les Pays-Bas, dont la Belgique faisait aussi, autrefois, partie, avaient été donnés en héritage aux Habsbourg par la Bourgogne, et ils formaient le centre de l'empire de Charles Quint, où le soleil ne se couchait jamais. En 1566, les provinces néerlandaises protestantes se révoltèrent contre Philippe II. Le Nord acquit son indépendance. Au 17ème siècle, les Pays-Bas devinrent la plus grande puissance maritime et commerciale du monde. New York, qui s'appela d'abord New Amsterdam, était une colonie néerlandaise. Les Indes néerlandaises appartenaient aux Hollandais. Le commerce des épices et la culture des tulipes qui était, au début, un essai spéculatif formaient les principales ressources de revenus du pays. La Belgique ne devint indépendante qu'en 1830; et le Luxembourg en 1866. C'est un pays de peintres: Memling, les frères van Eyck, Brueghel, Bosch, Hals, Vermeer, Rembrandt, Rubens, van Gogh. C'est le pays des voies d'eau et des chemins pour bicyclettes, des canaux, des moulins à vent et des

Käse, der Kuhweiden und Tulpenfelder, der Zigarren und Vorspeisen, des Biers und des Genevers. Eine Sprache, in der man statt Moped Brommfietse sagt, was sehr viel hübscher, aber komischer klingt.
Alte Städte mit schönen Plätzen, auf deren Markt Obst, Gemüse und Blumen feilgehalten werden. Niedere Giebelhäuser aus rotem Backstein. Blankgeputzte Fenster ohne Vorhänge, die zum Blick in die Wohnungen einladen. Diese haben etwas von einer Puppenstube an sich. Selbst die Hurenhäuschen am Zeedijk in Amsterdam mit den während ihrer Arbeitspausen handarbeitenden Mädchen am Fenster und den aufgeschlagenen weißen Betten sehen so heimelig, calvinistisch, anständig und kleinbürgerlich wie ein Interieur von Pieter de Hooch aus.
Belgien, schon von Cäsar besetzt, blieb bei der Befreiung der Niederlande unter spanisch-katholischer Herrschaft und konnte sich erst 1830 selbständig machen. Aber es gehörte schon immer zu den großen Kulturlandschaften der Heimat Europa. Belgien ist vielschichtiger als die Niederlande: Industrie und Landwirtschaft, Berge und Flachland, Marschland und Wälder, Flamen und Wallonen. Brüssel ist Spitze, der Grand Place einer der schönsten Freilichtsäle der Welt. Städte mit mittelalterlichem Kern: Löwen, Lüttich, Gent und Brügge; Rathäuser, Kathedralen, Justizpaläste und Schlösser. Und schließlich ein Blick nach Luxemburg, das

gable-houses in red brick. Shining windows without curtains allowing a view of the living room. Rather like dolls' houses. Even the brothels in Zeedijk in Amsterdam, with the girls doing needle work at their windows during breaks and their white sheeted beds, look as cosy, calvinistic, and petty-bourgeois as an interior by Pieter de Hooch.
Belgium, once conquered by Caesar, remained under the sway of Spanish catholicism following the liberation of the Netherlands. It was only in 1830 that they became a sovereign nation. Nevertheless they have always belonged to the great civilised portions of Europe. Belgium is more varied than the Netherlands: Industry and agriculture, mountains and open country, marshy ground and woods, Flemings and Walloons. Brussels is unsurpassed, the Grand Place is one of the most attractive open-air halls in the world. Towns with mediaeval centres: Louvain, Liège, Ghent and Bruges; town halls, cathedrals, palaces of justice, castles. And finally a glance at Luxembourg, that friendly residence. Luxembourg, Andorra, Monaco, San Marino and Liechtenstein as museums of miniature states belong to the gems of homeland Europe.

ponts-levis, des barques et des bateaux, des hôtels particuliers et des clochers, des briques vernissées et des carreaux de faïence, des filets de pêcheurs et des bicyclettes, des bœufs et du fromage, des pâturages et des champs de tulipes, des cigares et des hors-d'œuvre, de la bière et du genièvre. Au lieu de motocyclette, on y dit «Brommfietse», ce qui est plus joli, mais aussi plus drôle.
De vieilles villes et leurs belles places, où l'on vend, sur le marché, des fruits, des légumes et des fleurs. Des maisons basses à pignons en briques rouges. Des fenêtres astiquées comme des miroirs, sans rideaux, ce qui incite à regarder à l'intérieur. Ces intérieurs ressemblent un peu à des maisons de poupée. Même les petites maisons des filles de joie, au Zeedijk, à Amsterdam, ont l'air aussi intimes, aussi calvinistes, aussi convenables et bourgeoises qu'un intérieur de Pieter de Hooch: les filles font, pendant les pauses, des travaux d'aiguille derrière la vitre, et les draps de lit blancs sont rabattus.
La Belgique, occupée déjà par César, resta sous la dominance espagnole d'obédience catholique, lors de la libération des Pays-Bas et ne put se libérer qu'en 1830. Mais elle faisait, depuis toujours, partie des paysages cultivés de l'Europe. La Belgique est plus variée que les Pays-Bas: on y trouve l'industrie et l'agriculture, des monts et des plaines, des marécages et des forêts, des Flamands et des Wallons. Bruxelles est extraordinaire, la Grand-

freundliche Residenzle. Luxemburg, Andorra, Monaco, San Marino und Liechtenstein gehören als Museen der Kleinstaaterei zu den Liebenswürdigkeiten der Heimat Europa.

Place forme l'un des plus beaux théâtres de plein air du monde. On y voit des villes au centre moyenâgeux: Louvain, Liège, Gand et Bruges; des mairies, des cathédrales, des palais de justice et des châteaux. Et pour finir, jetons un coup d'œil sur le Luxembourg, cette aimable petite résidence. Le Luxembourg, l'Andorre, San Marino et le Liechtenstein: ces musées du particularisme font partie des curiosités charmantes de la patrie Europe.

Auf den Hund gekommen

Gone to the Dogs · Et nous en venons au chien…

Dänemark und die Niederlande haben etwas Verwandtes: viel Wasser und Strand, Weiden mit Kühen, propere Bauernhäuser, oft noch mit Schilf oder Stroh gedeckt. Käse und Vorspeisen. Aber die Vorspeisenplatten werden größer. Was sich schlicht Butterbrot (Smörrebrod) nennt, besteht aus wenig Brot, dicker Butter und ebenso gewaltigen wie delikaten Belägen. Der Hering in vielen Zubereitungen ist hier wie dort eine Delikatesse. Gutes Bier, aber statt Genever Aquavit. Die Monarchie und die Wachablösung, die wieder an London und Athen erinnern: ein Stück Militäroperette im Zeitalter der Raketen.
Dänisch eigenständig ist allerdings der große Wasserkopf Kopenhagen, der so gar nicht recht zum Körper des bäuerlichen Landes paßt. Die Brauereien als Mäzene und Museenstifter. Die Pornoläden, die das Interesse an Schweinischem eher abflauen ließen, nicht aber an Schweinernem, denn Dänemark ist ein Schinkenland. Die hübschen Mädchen, die so blond und aufgeklärt sind. Der Sozialstaat, der jedem Bürger eine Altersrente und freie Krankenversorgung gewährt, aber auch überbürokratisiert ist.
Dänemark war eine Großmacht, spielt aber seit 1866 politisch keine Rolle mehr. Die Dänen hatten einst ganz England besetzt, später Pommern, Mecklenburg und Holstein. Um 1400 gehörten Schweden und Norwegen zu Dänemark, ersteres allerdings nur 100 Jahre,

Denmark and the Netherlands have something in common: a lot of water and beaches, meadows with cows, clean farm houses often roofed with rush or straw. Cheese and entrées. But the entrées are bigger. The so-called buttered bread (smörrebrod) is in reality just a little bread spread thick with butter and huge but delicate tasting spreads. Prepared in many ways the herring is a delicacy. Good beer, but Aquavit instead of gin. The monarchy and the changing of the guard recalling London and Athens: a set from a military operetta in the rocket-age. The large hydrocephalus of Copenhagen is, however, purely Danish and doesn't really fit the farming body of the country. Breweries acting as Maecenas and founders of museums. The country of pornography which allows the interest in swinish things to ease off somewhat: not, however, porkish things, for Denmark is a land of the ham. The blonde and enlightened attractive girls. The social state which guarantees every citizen an old-age pension and free hospital treatment, but is over-bureaucratic.
Denmark was once a great power, but since 1866 it no longer plays a political role. The Danes once occupied all England, and later Pomerania, Mecklenburg, and Holstein. Around 1400 Sweden and Norway belonged to Denmark, Sweden only for a century and Norway until 1830. Greenland is still Danish. Iceland belonged to Denmark until 1944.

Le Danemark et les Pays-Bas ont des points communs: de l'eau et des plages en abondance, des pâturages et des vaches, des fermes proprettes recouvertes. Du fromage et des hors'd'œuvre. Mais ici, les plats de hors-d'œuvre deviennent plus copieux. Ce qu'on y appelle, fort simplement «tartine» (Smörrebrod) est un édifice, où le pain est mince, le beurre épais et les garnitures aussi délicieuses qu'abondantes. Le hareng, apprêté à toutes les sauces, est toujours un mets délicat. La bière est bonne mais l'aquavit remplace le genièvre. La monarchie et la relève de la garde rappellent Londres et Athènes.
En revanche, la grosse tête hydrocéphale de Copenhague est d'une originalité danoise et elle ne s'harmonise pas tellement bien avec le corps de ce pays paysan. Les brasseries sont des mécènes et elles font des dons aux musées. Les boutiques porno ont plutôt fait s'émousser l'intérêt pour les choses cochonnes, mais pas pour le cochon. Les jolies filles sont si blondes et si bien informées sur la morale sexuelle! Cet état social garantit à chaque citoyen une retraite et des soins médicaux gratuits, mais il est aussi hyperbureaucratisé.
Le Danemark était une grande puissance, mais, depuis 1866, il ne joue plus aucun rôle, sur le plan politique. Autrefois, les Danois avaient occupé toute l'Angleterre, et un peu plus tard la Poméranie, le Mecklembourg et le Holstein. Vers 1400, la Suède et la Norvège appartenaient au Danemark, la première pen-

letzteres bis 1830. Grönland ist heute noch dänisch. Island gehörte bis 1944 zu Dänemark, heute ist die Fischinsel mit ihrem Überangebot an Naturkräften, Vulkanen, an Geysiren und Wasserfällen selbständig. Wir kommen auf den Hund. Auf Skandinavien, das an der Dame Europa hochspringt. Im Sommer helle Nächte, im Winter dunkle Tage. Das geht aufs Gemüt. Man muß trinken. Man wird hintersinnig, schwermütig wie die Menschen auf den Bildern Munchs, in den Dramen Ibsens und Strindbergs.

Schweden: Fische und Holz. Schären und Seen. Satte, klar gegeneinander gesetzte Farben. Gelbe Rapsfelder, rote Häuser, grüne Wälder. Darüber ein sich in den Abendstunden impressionistisch verfärbender Himmel: von Violett über Rosa bis zu Türkis, von schimmernden Silbertönen durchsetzt. Schweden ist ein sattes Land, behäbig im Fett des demokratischen Sozialismus, teuer und komfortabel, mit großzügiger Architektur. Es gibt weder bedrückende Armut noch exzessiven Reichtum, nur einen breiten, saturierten Mittelstand. Leistung wird weniger honoriert als Mitarbeit.

Das einst so kriegerische Volk, das gegen Polen, Rußland und Dänemark kämpfte, das im Dreißigjährigen Krieg durch Deutschland zog („Bet, Kinder, bet, morgen kommt der Schwed"), ist friedfertig geworden. Schnaps statt Schwedentrunk.

Norwegen ist das Land in Europa, das groß-

Today the fishing island with its plentiful supply of natural resources and forces, volcanoes, geysers, and waterfalls is independent. We go to the dogs. The Scandinavian dog that jumps up at our Lady Europa. In bright summer nights, in dark winter days. That dampens the spirit. One has to drink. One becomes sad, melancholy like the people on Munch's tableaux, in the dramas of Ibsen and Strindberg.

Sweden: Fish and wood; rocky islets and lakes. Rich, well-defined colours. Yellow rapeseed fields, red houses, green woods. An impressionistic coloured sky in evening hours: turning from violet to pink to turquoise, shot through with gleaming silver tones. Sweden is a satisfied country, at ease in the fat of democratic socialism, expensive and comfortable, with generous architecture. There is neither oppressive poverty, nor excessive riches, just a broad, saturated middle-class. Achievement is worth less than cooperation. The once so warlike folk, that fought against Poland, Russia, and Denmark, and entered the Thirty Years War against Germany ("Pray, children pray, tomorrow comes the Swede"), is peaceful now. Schnaps instead of Swedish draught.

Norway offers splendid landscapes in abundance – interplay between land and sea, between wood and fjord, between cliffs and waves. Man's creations also harmonize with nature; for example, the wonderfully placed

dant 100 ans, et la deuxième jusqu'en 1830. Le Grœnland est encore danois. L'Islande l'était jusqu'en 1944; aujourd'hui elle est indépendante, cette île de pêche avec sa surabondance en forces naturelles, en volcans, en geysers et en cascades.

Nous en venons au chien. A la Scandinavie, qui fait des bonds près de Madame Europe. En été: des nuits claires; en hiver: des jours sombres. Cela influence le moral. On doit boire. On devient méditatif, sombre comme les personnages des tableaux de Munch, les héros des drames d'Ibsen et de Strindberg.

La Suède: des poissons et du bois. Des baies et des lacs. Des couleurs franches, bien contrastées. Des champs de reps jaunes, des maisons rouges, des forêts vertes. Et là-dessus, un ciel qui, le soir, prend des couleurs impressionnistes; du violet au turquoise, en passant par le rose. La Suède est un pays rassasié, lourdement installé dans la graisse du socialisme démocratique, cher et confortable, d'une architecture généreuse. Il n'y a ni misère déprimante, ni richesse excessive; il existe seulement une large classe moyenne saturée.

Ce peuple, autrefois si belliqueux, qui a combattu contre la Pologne, la Russie et le Danemark et qui fit campagne à travers l'Allemagne, pendant la guerre de 30 ans, est devenu pacifique. L'eau de vie a remplacé le philtre suédois.

La Norvège est le pays d'Europe qui offre, en masse, des paysages magnifiques. Contraste

artige Landschaft in Hülle und Fülle bietet.
Widerspiel von Land und Meer, von Wald
und Fjord, von Klippe und Welle. Auch das
Menschenwerk fügt sich in die Natur ein,
so die im Detail gar nicht schöne, aber
traumhaft gelegene Stadt am Alesund.
Das Schiff im Fjord, die Stabkirche gegen den
blauen Himmel im Braungrün des Tales. Die
weiten, verschneiten Wälder sehen wie eine
Graphik aus. Freilich, es gibt wenig Tage im
Jahr, wo Sonne und Wärme Norwegen ebenso
grandios wie heimelig machen.
Zur nordischen Landschaft gehören die Trolle,
kleine Wesen von menschlicher Gestalt, die
im Dunkeln des Erdinnern hausen. Sie haben
sich aus Maden im Leichnam des Riesen
Ymir entwickelt. Er wurde von den Göttern
erschlagen. Aus seinem Schädel entstand das
Himmelsgewölbe, aus seinen Knochen wurden
die Berge, die Wolken aus dem Gehirn.
Die Trolle glichen den Menschen, waren aber
häßlich, behaart und von Moos überwachsen.
Sie galten als weise, konnten andere Gestalt
annehmen und waren kunstvolle Schmiede.
Thors Hammer, Wotans Speer, Freyjas
Halsband, Sifs Goldhaar und Freyrs Schiff
stammen aus ihrer Werkstatt. Der liebens-
würdigste Troll ist der in Shakespeares
„Sommernachtstraum". Paßt eine solche
Mythologie nicht in die norwegische Landschaft, die wilder, großartiger, imposanter ist
als das stille, mit Seen gesprenkelte liebens-
werte Finnland?

town on the Alesund, although the detail is
not attractive.
The ship in the fjord, the wooden church
thrusting towards the blue skies in the blue-
green of the valley. The vast, snowy woods
look like an etching. Certainly there are only
a few days in the year when sun and warmth
combine to make Norway both grand and
cosy.
The *trolls* are part of the Nordic landscape,
small beings in human form who live in the
depths of the earth or under rocks. They
were maggots who had bred inside the Giant
Ymir's carcass. Ymir was killed by the gods.
The mountains were formed from his bones,
the skies from the dome of his skull and his
brains formed the clouds.
The *trolls* were like man, but were ugly, hairy,
and covered with moss. They were thought of
as being wise, could change their form, and
were expert craftsmen. Thor's hammer,
Wotan's spear, Freya's necklace, Sif's golden
hair, and Frey's ship are their products. The
most charming *troll* is that in Shakespeare's
"Midsummer Night's Dream". Don't such
myths fit the Norwegian landscape, a wilder,
more splendid and imposing landscape than
attractive Finland's which is spotted with
lakes?

entre la terre et la mer, les forêts et les fjords,
les falaises et les vagues. L'œuvre humaine,
même, s'intègre à la nature comme la ville
d'Alesund, qui a une situation et un agence-
ment urbain rêvés.
Le bateau dans un fjord, la flèche de l'église
se dresse dans le ciel bleu, dans le vert brun
de la vallée. Les vastes forêts enneigées ressemblent à un dessin graphique. Bien sûr, les
jours sont rares, où le soleil et la chaleur donnent à la Norvège une atmosphère aussi inti-
me que grandiose.
Les kobolds font partie du paysage nordique:
ce sont des nains à figure humaine, qui habi-
tent dans les sombres profondeurs terrestres.
Ils sont issus des larves qui se trouvaient dans
le cadavre du géant Ymir. Il fut tué par les
dieux. Son crâne donna naissance à la voûte
céleste, ses os: aux montagnes, son cerveau:
aux nuages.
Les kobolds ressemblaient aux humains, mais
ils étaient laids, velus et recouverts de mousse.
On les disait sages, ils pouvaient se métamor-
phoser et ils étaient des forgerons d'art. Le
marteau de Thor, l'épée de Wotan, le collier
de Freyja furent fabriqués dans leur forge.
C'est dans «Le Rêve d'une nuit d'été» de
Shakespeare que l'on trouve le kobold le plus
gentil. Une telle mythologie, n'est-elle pas
bien assortie au paysage norvégien, qui est
plus sauvage, plus extraordinaire et plus im-
posant que la Finlande, ce calme pays, parsemé de lacs?

Sonnengeflecht Europas

Solar Plexus of Europe · Le plexus solaire de l'Europe

Das Sonnengeflecht Europas nannte ein Schriftsteller die Schweiz. Das klingt kühn. Denn man mag den Schweizern allerlei nachsagen, nur nicht, daß Feinnervigkeit ihr Nationallaster wäre. Gebrauchen wir jedoch für Geld den Begriff *nervus rerum*, so stimmt der Vergleich. Internationales Kapitalgeflecht hat seine Schaltstellen in der Schweiz. Der Franken ist zeitweise noch härter als die krisenfeste D-Mark – eine Tatsache, die einen Urlaub in dem Ferienland unserer Großväter besonders teuer macht. Schweizer Banken sind so verschwiegen wie ein Trappisten-konvent. Und das von kapitalistischen oder staatskapitalistischen Peinigern aus den Völkern gepreßte Geld ruht auf Schweizer Nummernkonten so sicher wie in Abrahams Schoß und überlebt dort häufig seine Besitzer.

Die Deutschschweizer sind reinblütige Alemannen und gehörten deshalb einmal zum Herzogtum Schwaben. Heute ist der Ausdruck *chaiber Schwob*, auf alle Deutschen angewandt, ein beliebtes Schimpfwort. Die alemannischen Vettern im Südwesten des deutschen Sprachraums – auch die Elsässer und die Vorarlberger gehören dazu – mögen sich nicht so besonders gern, wobei etwas Neid im Spiel sein mag. Denn die Eidgenossen blieben schon vom Dreißigjährigen Krieg verschont und verordneten sich seit 1815 eine strikte Neutralität, wodurch sie von einigen Katastrophen, wie Weltkriegen, Inflationen

A writer once called Switzerland the solar plexus of Europe. That sounds foolhardy. One can say anything about the Swiss but hardly that their national vice was great pithyness. If, however, we use the term *nervus rerum* for money, then the comparison is correct. The international network of capital has its control centre in Switzerland. The Franc at times is "harder" than the panic proof German Mark. A fact that makes holidays in Switzerland particularly expensive. Swiss banks are as talkative as a Trappist monk. And money squeezed out of the people or peoples by capitalist or state capitalist tor-mentors is as safe in a Swiss numbered account as in Abraham's lap, and often survives longer than its owner.

The German-Swiss are full blooded Alemanni and belong, therefore, to the Swabian Dukedom. Today the expression *chaiber Schwob* is a popular term of abuse when used for all Germans. Their Alemannic cousins in the southwest of the German-speaking area – including the Alsatians and the Vorarl-bergians – do not like each other very much, whereby a little envy also plays a role. The Swiss Confederates were spared even by the Thirty Years War and since 1815 have imposed strict neutrality upon themselves, which in turn spared them from several cata-strophes such as world wars, inflation, and currency reforms. Thus the money kept by their ancestors in stockings or warehouses

Un écrivain appelle la Suisse, le plexus solaire de l'Europe. C'est une déclaration audacieuse. Car, quoi que l'on dise des Suisses, on n'a ja-mais prétendu que la sensibilité soit chez eux, un défaut national. Cependant, si l'on em-ploie, pour définir l'argent, la notion de *ner-vus rerum*, la comparaison s'avère exacte. Le plexus international du capital a son poste de commande en Suisse. Le Franc suisse est, en ce moment, encore plus solide que le stable Deutsche Mark et il en égale la valeur – un état de fait qui rend particulièrement onéreu-ses des vacances passées dans ce pays de villé-giature de nos grands-pères. Les banques suis-ses sont aussi secrètes qu'un couvent de la Trappe. L'argent que des tortionnaires, des capitalistes ou des capitalistes d'état ont souti-ré aux peuples, repose dans des comptes en banque suisses aussi sûrement que dans le sein d'Abraham, et il y survit souvent à ses propriétaires.

Les Suisses allemands sont des Alamans de pure race, et c'est pourquoi ils appartinrent, jadis, au duché souabe. Aujourd'hui, l'expres-sion de « *Souabe balourd* » peut s'appliquer à tous les Allemands, et elle est une injure de prédilection. Les cousins alamans du Sud-Ouest germanophone – les Alsaciens et les ha-bitants du Vorarlberg en font aussi partie – n'éprouvent pas une grande sympathie réci-proque, parce qu'ils sont peut-être envieux les uns des autres. Car les Confédérés furent déjà épargnés par la guerre de 30 ans et ils se don-

und Währungsreformen, verschont blieben. So
kam das Geld, das der Urahn im Strumpf
oder gar im Depot hatte, ungeschmälert den
Kindern, Kindeskindern und Urenkeln zugute.
Und während die armen Schlucker jenseits
des Rheins und des Bodensees Blut und Geld
und Leben für völkische Ideologien,
nationalen Chauvinismus und den Profit der
Rüstungsindustrie opfern mußten, hielten sich
die Eidgenossen klug heraus, ließen ihre
Streithammel in fremden Diensten und auf
fremdem Boden Kriege führen und verkauften
ihre Waffen an die, die Lust hatten, einander
den Schädel einzuschlagen. Da diese Lust
in Europa groß war, machten sie dabei ein
gutes Geschäft.
Das forderte den Neid der armen Vettern
heraus, die das, was der Großvater erspart
hatte, nicht wie die Schweizer erben konnten,
weil es wertlos geworden war. Durch ihre Witze
über die Schwerfälligkeit der reichen Vettern
suchten sie ihre Insuffizienz zu kaschieren. So
in der Unterhaltung eines Zürichers mit einem
Berner: „'s isch bald Wihnachte!" – „Jo!" –
„Ein schönes Fescht!" – „Jo!" – „Fascht so
schön wie mit der Frau schlafen!" – „Jo!
Aber öfter!"
Von 1291 an sammelte die Eidgenossenschaft
Kanton um Kanton. Im allgemeinen wenig an
der Literatur interessiert, stellten die Schweizer
zwei der markantesten Figuren für das zeit-
genössische deutschsprachige Schrifttum.
Max Frisch und Friedrich Dürenmatt. In

benefited the children, grandchildren, and
great-grandchildren without loss.
And whereas the poor souls on the other side
of the Rhine and Lake Constance had
to sacrifice blood and money and life for
popular ideologies, national chauvinism, and
the profit of the armaments industry, the
Swiss kept themselves well out of it all, let
their squabblers fight under foreign flags and
on foreign soil, and sold their weapons to
anyone who felt like cracking someone else's
head in, and as this desire was pretty prevalent
in Europe they did very well by it.
This made them the envy of their poorer
cousins, who weren't able to profit from
grandfather's savings as these had become
worthless in the meantime. They tried to
disguise their own insufficiency by joking
about the clumsiness of their richer cousins.
This conversation between a Zuricher and a
Berner serves as an example: "Almost
Christmas!" – "Yup!" – "A great time of the
year!" – "Yup" – "Almost as good as sleeping
with the missus!" – "Yup! But it happens more
often!"
As from 1291 the Confederation collected
canton upon canton. Little interested in literature themselves the Swiss nevertheless came
up with two of the most prominent figures of
contemporary German language literature.
Max Frisch and Friedrich Dürenmatt. In the
days when night lay over Germany, the
Zurich Theatre set the image of freedom

nèrent, en 1815, une neutralité stricte qui leur
évita quelques catastrophes comme les guerres
mondiales, les inflations et les réformes moné-
taires. C'est ainsi que l'argent que l'aïeul gar-
dait dans son bas de laine ou qu'il avait
même déposé à la banque, profita intégrale-
ment aux enfants, petits-enfants et arrière-pe-
tits-enfants. Et tandis que les pauvres diables
de l'autre côté du Rhin et du lac de Constance devaient sacrifier leur sang, leur fortune et
leur vie pour des idéologies sectaires, le chau-
vinisme national et le profit de l'industrie de
l'armement, les Confédérés se tinrent sage-
ment à l'écart, laissèrent leurs esprits querel-
leurs faire la guerre sous un uniforme étranger et en terre étrangère, ils vendirent leurs
armes à ceux qui brûlaient d'envie de se dé-
foncer mutuellement le crâne, et cette envie
étant fort grande en Europe, elle leur permit
de faire de bonnes affaires.
D'où la jalousie des cousins pauvres, qui ne
pouvaient hériter des économies du grand-père parce qu'elles étaient dévalorisées. Ils es-
sayèrent de cacher leur insuffisance en plai-
santant sur la balourdise des riches cousins.
Ainsi, l'entretien d'un Zurichois et d'un Ber-
nois: «C'est bientôt Noël!» – «Oui!» – «Une
belle fête!» – «Oui!» – «C'est presque aussi
bien que de coucher avec sa femme!» – «Oui,
mais plus fréquent!»
A partir de 1291, les Confédérés collectionnè-
rent un canton après l'autre. Les Suisses, qui
s'intéressent peu, eux-mêmes, à la littérature,

der Zeit, als Nacht über Deutschland lag, stellte das Zürcher Schauspielhaus dem Weltbild der Despotie das der Freiheit entgegen und sorgte dafür, daß das deutschsprachige Theater Anschluß an das Welttheater behielt. Zuckmayers, Brechts, Georg Kaisers und Werfels Stücke wurden zu dieser Zeit am Schauspielhaus Zürich von den bedeutenden Regisseuren und Schauspielern uraufgeführt, die in Deutschland als *artfremd* lebensgefährdet waren.

Was fällt uns zum Stichwort Schweiz ein? Berge, Käse und Wilhelm Tell. Die Berge sind Tatsachen. Sie erweisen sich als landschaftsbildend und fremdenverkehrsfördernd. Wilhelm Tell hat seine Berühmtheit dem alemannischen Vetter Schiller zu verdanken. Er ist im Bewußtsein des deutschen Mittelschülers ebenso zu Hause wie an den asphaltierten Gestaden des Vierwaldstätter Sees. Der Käse aber, von dessen Löchern sich Generationen zweitklassiger Conférenciers ernähren, ist eine glatte Legende. Die Tessiner, die nicht nur im Maggiatal vorzüglichen Käse bereiten, kaufen ihn lieber in Italien, und selbst die Basler, ausgeprägte Lokalpatrioten, holen ihn gern im Elsaß. Niemals hat man in der Schweiz das Gefühl, in der Fremde zu sein; ein Gefühl, das einen beispielsweise in Halle an der Saale oder in Istanbul im Halse würgen kann wie ein Rührungskloß aus einer Fernsehschnulze. Zwar sieht auch in der Schweiz alles ein

against the world image of despotism and ensured that the German-speaking theatre didn't lose touch with world theatre. Zuckmayer, Brecht, Georg Kaiser, and Werfel – their plays were premièred with the most important producers and actors of the day in Zurich's playhouse; in Germany they were in danger of their life as aliens.

What do we think of when we hear the word Switzerland? Mountains, cheese, and William Tell. The mountains are a fact. They form the landscape and are good for tourism. William Tell owed his fame to his Alemannic cousin Schiller. In the awareness of the German schoolboy he is just as present as are the asphalted shores of Lake Lucerne. The cheese, however, whose holes nourish generations of second-class *conférenciers*, is a legend The inhabitants of the Ticino, who do not make excellent cheese only in the Maggia Valley, prefer to buy it in Italy, and even the Basler, extreme local patriots, are happy to buy it in Alsace.

One never has that sense of being in a foreign land in Switzerland; a sense that can suffocate one in Halle on the Saale or in Istanbul. Certainly it looks a bit different in Switzerland: The sky is bluer, the grass is greener, and not only the wine is cleaner. Colours and cleanliness show themselves to a comparative degree.

Well cared-for national pride, not led astray by an inferiority complex, and squared

ont produit deux des figures les plus marquantes de la littérature germanophone contemporaine. Max Frisch et Friedrich Dürrenmatt. A l'époque, où l'Allemagne était recouverte d'un voile de nuit, le théâtre de Zürich opposait l'image du monde libre à celle du despotisme et permettait au théâtre de langue allemande de se rallier au théâtre mondial. Les pièces de Zuckmayer, de Brecht, de Georg Kaiser et de Werfel ont eu, alors, leur première au théâtre de Zürich, avec les metteurs en scène et les acteurs les plus importants de l'époque qui, considérés comme des *dégénérés*, étaient, en Allemagne, en danger de mort.

Qu'évoque pour nous la Suisse? Des montagnes, du fromage et Guillaume Tell. Les montagnes sont une réalité. Elles exercent une influence créative sur le paysage et favorisent le tourisme étranger. Guillaume Tell doit sa célébrité à Schiller, un cousin alaman. Et il est aussi bien chez lui dans la conscience de l'élève allemand que sur les rivages asphaltés du lac des Quatre Cantons. Cependant, le fromage, des trous duquel se nourissent des générations d'animateurs médiocres, jouit d'une fausse réputation. Les Tessinois, qui fabriquent un fromage excellent (et pas seulement dans la vallée de la Maggia), préfèrent l'acheter en Italie, et même les Bâlois, qui sont pourtant des patriotes locaux assez fervents, vont volontiers le chercher en Alsace.

On n'a jamais, en Suisse, l'impression d'être

bißchen anders aus: Der Himmel ist blauer, die Wiesen sind grüner, und nicht nur die Weine sind sauberer. Farben und Reinlichkeitsbegriffe präsentieren sich im Komparativ.

Gepflegtes Nationalbewußtsein, das von keinen Minderwertigkeitskomplexen verleitet wird, sich in Positur zu stellen, vereinen die Schweizer mit kosmopolitischen Zielen. Man spürt ihre Erfahrungen als Gastgeber. Alle Welt ist bei ihnen zu Tisch. Und wenn sie einmal kräftig Gas geben, so haben sie schon eine Grenze passiert. Noch schneller wechseln sie von einem Sprachgebiet ins andere. Die meisten Schweizer parlieren mühelos in verschiedenen Zungen. Manche sprechen neben Schwyzerdütsch sogar noch Deutsch.

Unter *dem Schweizer* stelle ich mir aus der Ferne so eine Mischung von Max Frisch, Maria Schell und Wilhelm Tell vor. Einem solchen Schweizer bin ich aber nie begegnet. Andere, die ich kennenlernte, finden sich zu erstaunlichen Freundschaftsdiensten bereit, nur nicht dazu, sich auf einen Nenner bringen zu lassen. Das mag ich besonders an ihnen. Oder doch: Sie haben ein besonderes Gefühl in Geschmacksfragen. Es präsentiert sich auf dem ersten besten Plakat in der Zürcher Bahnhofshalle, in einem originellen Schaufenster in Genf oder Lugano, in einem Essen in Délemont oder Brissago, in Kunstausstellungen und Verlagsprogrammen, in

shoulders, unite the Swiss with cosmopolitan aims. One senses their experience as hosts. The world is guest at their table. And if for once they tread on the accelerator, then it means they are outside their home country. Even faster is the change from one language to another. Most Swiss speak various languages without any difficulty. Some even speak German in addition to their Swiss variation of the same.

From afar I think of the Swiss as a mixture of Max Frisch, Maria Schell, and William Tell. But I have never met such a Swiss. Others who I did meet are prepared to enter into the most astonishing friendships, but cannot be brought down to a common denominator. That's what I like about them so much. But maybe they can be: they have a particular sense for questions of taste. This can be seen on the first poster to come into view in Zurich's station, in an original shop window in Geneva or Lugano, at a meal in Delémont or Brissago, in art exhibitions and publishing programmes, in hairdressers or even in the architecture of a factory building.

Switzerland is a well-oiled democracy, a combination of many cantons federated together from 1291 to 1815 and in which there are four official languages: German, French, Italian, and the ancient Romansch. The Alps landscape brings the cantons together. The Swiss are militant, but not aggressive. They

à l'étranger: un sentiment qui peut, par exemple, vous prendre à la gorge, à Halle au bord de la Saale ou à Istanbul, comme dans un film à l'eau de rose. Bien sûr, en Suisse aussi, tout a un aspect un peu différent: le ciel est plus bleu, les prairies sont plus vertes et il n'y a pas que les vins à être plus purs. Les couleurs et la notion de propreté se présentent au comparatif.

Les Suisses joignent à des buts cosmopolites un amour-propre national bien entretenu, qu'aucun complexe d'infériorité n'oblige à prendre des poses. On sent leur expérience d'hôtes. Le monde entier est à table chez eux. Et s'il leur arrive d'accélérer un peu, ils ont déjà franchi une frontière. Ils passent encore plus vite du domaine d'une langue dans celui d'une autre. La plupart des Suisses parlent sans peine plusieurs langues. Quelques-uns parlent l'allemand en plus du dialecte suisse, dérivé de l'allemand.

Quand je pense à *un Suisse*, je me représente, de loin, un mélange de Max Frisch, de Maria Schell et de Guillaume Tell. Mais je n'ai jamais rencontré un Suisse de cet acabit. Les autres dont j'ai fait la connaissance, sont prêts à vous rendre des services amicaux étonnants, mais ils ne se laissent pas placer sous un dénominateur commun. C'est ce qui me plaît particulièrement chez eux. Pourtant si: ils ont en commun un goût particulièrement sûr. Il se manifeste sur la première affiche venue, dans le hall de la gare de Zürich; on le

Frisuren, Leitartikeln oder gar in der
Architektur einer Fabrikhalle.
Die Schweiz ist eine gutfunktionierende
Demokratie, ein Verein von vielen Kantonen,
die sich von 1291 bis 1815 zusammen-
geschlossen haben, in der es vier Amts-
sprachen gibt: Deutsch, Französisch,
Italienisch und das altertümliche Rätoro-
manisch. Die Alpenlandschaft bringt die
Kantone unter einen Hut. Die Schweizer
sind militant, aber nicht aggressiv. Im Militär-
dienst reagieren sie ihre soldatischen
Ambitionen ab. Sie haben das Gewehr im
Schrank, sind leidenschaftliche Schützen, ohne
relativ mehr Ehefrauen zu erschießen als
andere Völker. Bei ihren Wehrübungen hört
der Humor auf. Sie beschränken sich aber
auf eine zähnefletschende Defensive. Das hat
die Eidgenossen zu ungebrochenem Wohlstand
gebracht. Die Schweiz hat die Ideologie vom
Nationalstaat gründlich ad absurdum geführt.
Das Rückgrat des Staates ist die Achtung
der Rechte und die Anerkennung der Pflichten
des Bürgers. Das schweißt mehr zusammen
als eine gemeinsame Sprache. Die Schweiz
und Österreich mit ihrer deutschsprachigen
Bevölkerung sollten uns veranlassen, das
Bild vom geteilten Deutschland gründlich zu
überdenken.

work off their soldierly ambitions in military
service. They have their rifle in the cupboard
and are passionate marksmen without actually
shooting more spouses than in other countries.
During their troop manoeuvres it is all deadly
serious. They do not, however, go beyond
actually showing their defensive teeth. That
has brought the Confederates continuous
prosperity. Switzerland has developed the
ideology of the *nation state* completely *ad
absurdum*. The backbone of the state is the
respect for the rights and the recognition of
the duties of the citizen. That forges them
more together than a common language would
ever do. Switzerland and Austria with their
German-speaking population should make the
Germans completely rethink the picture of a
divided Germany.

perçoit dans une vitrine originale de Genève
ou de Lugano, dans un déjeuner à Délemont
ou à Brissago, dans des expositions d'art ou
dans des catalogues d'édition, dans les coiffu-
res, dans les éditoriaux ou bien même, dans
l'architecture du hall d'une fabrique.
La Suisse est une démocratie qui fonctionne
bien, une union fédérative d'un grand nombre
de cantons, qui se sont réunis de 1291 à 1815,
et où l'on parle quatre langues officielles: l'allemand, le français, l'italien et l'ancien rhéto-
roman. Le paysage alpestre est le dénominateur commun des cantons. Les Suisses sont
des militants, mais sans agressivité. Pendant
un service militaire, ils défoulent leurs ambitions soldatesques. Ils gardent un fusil dans
leurs placards, ils sont des tireurs passionnés,
sans pour cela tuer plus d'épouses que d'autres peuples. Quand il s'agit de manœuvres,
on ne rit plus. Mais ils se bornent à une dé-
fensive qui ressemble à un grincement de
dents. Cela a apporté aux Confédérés une ai-
sance qui ne les a jamais quittés. La Suisse
a vraiment montré l'absurdité de l'idéologie
d'une nation une et indivisible. La colonne
vertébrale de l'état, c'est le respect des droits
et la reconnaissance des devoirs du citoyen.
La Suisse et l'Autriche devraient nous inciter,
avec leurs populations germanophones, à révi-
ser complètement l'image de l'Allemagne
divisée.

Tuten und Blasen

Honking and Blowing · Les fanfares de la renommée

400 Jahre lang stellten die Habsburger den deutschen Kaiser. Wo andere für Ländergewinn Kriege führten, hat Österreich geheiratet. Maximilian brachte dadurch Burgund mit den Niederlanden ein, Philipp der Schöne heiratete Johanna die Wahnsinnige und bezahlte die Mitgift Spanien, die italienischen Nebenlande und das Kolonialreich mit einer Geisteskrankheit in der Familie. Der angeheiratete Jagellonenkönig Wladislaw brachte Böhmen und Ungarn mit in die Ehe. Nur der Balkan mußte den Osmanen mit Gewalt abgenommen werden.
Die einstige Großmacht Österreich-Ungarn besteht nur noch aus der deutschsprachigen Republik Österreich, die sich jeder Blockbildung entzieht und sich wie die Schweiz strikter Neutralität befleißigt. Österreich ist das beliebteste Urlaubsland für die Deutschen aus dem Reich, ein Begriff, der in Österreich immer noch gebräuchlich ist.
Neben der Landschaft ist Österreichs Stärke die Kultur, vor allem die Musik. Salzburg ist das Mekka, Wien die Kapitale der Musikfreunde aus aller Welt. Dort hat sich selbst der Volkswitz der Musik bemächtigt. Ich kenne keine Anekdote, die den Wiener besser charakterisiert, als diese, obwohl sie ein bißchen überinstrumentiert ist: Ein Trompeter der Wiener Philharmoniker bekommt einen Anruf seiner Freundin aus Graz: „Du, i hob heit obend eine Mitfohrgelegenheit noch Wien. I bsuach di, ober i muß scho um Mitternocht

For 400 years the German emperor was a Habsburger. Whereas others fought wars for territorial gain, Austria intermarried. Maximilian was thus able to contribute with Burgundy and the Netherlands, Philip the Fair married Joan the Mad and paid for the Spanish dowry, the adjacent Italian lands and the colonial empire with a case of insanity in the family. The Jagellonian king Ladislas brought in Bohemia and Hungary by marriage. Only the Balkans had to be wrested from the Ottomans by force. The former great power of Austro-Hungary is now nothing more than the German-speaking republic of Austria which keeps out of every possible alliance and whose policy, similar to Switzerland, is strict neutrality. Austria is the most popular holiday goal for the Germans from the *Reich*, a term still used in Austria.
Apart from the landscape Austria's strength is culture, above all music. Salzburg is the mecca, Vienna the capital of music lovers from all over the world. Even the popular joke has usurped music. I know of no other anecdote that characterizes the Viennese better than this one even though it is a bit "overinstrumented": A trumpeter from the Vienna Philharmonic receives a telephone call from his girl friend in Graz: "I can get a lift into Vienna tonight and come and see you, but I'll have to leave at midnight." "That's no good, Mizzi, tonight is *Fidelio*." "Don't be such a stuffed shirt, think of something."

Pendant 400 ans, les Habsbourg fournirent un empereur à l'Allemagne. L'Autriche se mariait pour gagner des régions, alors que, dans le même but, d'autres faisaient des guerres. Maximilien apporta ainsi la Bourgogne et les Pays-Bas, Philippe le Beau épousa Jeanne la Folle et dota, de cette façon, sa famille d'une maladie mentale, en échange de l'Espagne, des provinces italiennes et de l'empire colonial. Le roi des Jagellons, Ladislas, mit la Bohème et la Hongrie dans sa corbeille de noces. Seul, le Balkan fut enlevé aux Osmans par la force. L'ancienne grande puissance de l'Autriche-Hongrie a été réduite à la République autrichienne germanophone qui refuse toute alliance et qui, comme la Suisse, s'efforce de respecter une stricte neutralité. L'Autriche est le pays touristique préféré des Allemands du Reich, dénomination qui est encore employée en Autriche. On ne doit, ni ne veut parler d'un rattachement. Outre le paysage, la force de l'Autriche est sa vie culturelle, la musique en particulier. Salzbourg est la Mecque, Vienne la capitale des mélomanes du monde entier. La musique y est même le sujet des plaisanteries populaires. Je ne connais pas d'autre anecdote qui caractérise le Viennois mieux que celle-ci: Un trompette de l'Orchestre philharmonique de Vienne reçoit un coup de téléphone de sa petite amie de Graz: «Dis donc, je peux profiter d'une voiture pour venir, ce soir, à Vienne, te rendre visite, mais je dois déjà repartir à minuit.» «Mais Mizzi, ça ne

wieder zruckfohrn." „Aber Mizzi, des geht net, mir ham heit obend den ‚Fidelio'." „No, sei net fad und loß dir wos einfolln." Dem Trompeter fällt etwas ein. Er geht zum Hausmeister: „Herr Pospischil, hier hoben S' fünfhundert Schilling. Ich tät Sie bitten, mir etwas Sukkurs zu leisten, ich muß heit im ‚Fidelio' blosn, hob aber ein dringendes Gespräch mit meinem Assekuranten. San S' doch so lieb. Sie kennen jo meinen Plotz im Orchester, ziehn S' Ihren schwarzen Anzug an, ich geb Ihnen meine silbergraue Krawatten, und vertreten S' mich. Es sind jo noch sieben Trompeter do, machen S' sich kommod, bis der Dirigent einen Einsatz gibt, dann nehmen S' die Trompeten an die Lippen. Aber wenn ich bitten darf, Herr Pospischil, auf keinen Fall blosn." „Ganz zu Ihren Diensten, Herr Kapellmeister, es wird mir eine große Ehre sein, in diesem berihmten Orchester als Substitut zu dienen." „Aber bitte höflichst, Herr Pospischil: auf keinen Fall blosn." Der Trompeter verbringt einen anregenden Abend und eine gute Nacht. Am anderen Morgen steigt er zum Hausmeister hinunter und fragt: „Olsdann, Herr Pospischil, ist alles gut gegangen?" „Wos soll ich sogn, Herr Kapellmeister, es hat doch gegeben a bißl Beschwer." „Um Gottes willen, Herr Pospischil, Sie werden doch nicht geblosn hom!" „Das nicht – ober von den acht Trompettern waren herich fimf Hausmeister."

The trumpeter does think of something. He goes to his janitor: "Herr Pospischil, here are 500 Schillings. Please help me. I have to 'blow' in *Fidelio*, but have a very important date with my insurance agent. Be so kind and take my place in the orchestra. Put on an evening suit, you can have my silver-grey tie, and take my place. There are another seven trumpeters there. Make yourself comfortable until the conductor signals your turn. Then put the trumpet to your lips. But please don't blow, Herr Pospischil." "Just as you please, Herr Kapellmeister, it will be a great honour for me to serve as substitute in this great orchestra." "But please, Herr Pospischil, don't actually blow the trumpet under any circumstances." The trumpeter has a stimulating evening and a pleasant night. Next morning he goes down to the janitor and asks him: "Well, Herr Pospischil, did everything go okay?" "What can I say, Herr Kapellmeister, there were some small complaints." "Heavens, Herr Pospischil, you didn't blow the trumpet!" "No – but of the eight trumpeters five were janitors."

va pas, nous avons, ce soir, le Fidelio.» «Ne sois pas idiot et réfléchis à ce que tu pourrais faire.» Le trompette a une idée. Il va chez le concierge: «Monsieur Pospischil, voilà 500 schillings. Je vous serais très reconnaissant de me rendre un petit service. Je dois, aujourd'hui, ‹souffler› dans 'Fidelio', mais j'ai une entrevue urgente avec mon assureur. Soyez gentil, vous connaissez ma place dans l'orchestre, mettez votre habit noir, je vous passe ma cravate gris perle et vous me remplacez! Il y a encore sept autres trompettes, prenez vos aises jusqu'à ce que le chef d'orchestre donne le signe de la rentrée, et puis, portez la trompette à vos lèvres. Mais je vous en prie, Monsieur Pospischil, ne ‹soufflez› en aucun cas!» «A votre service, maître, ce sera pour moi un grand honneur d'être votre assistant dans ce célèbre orchestre.» «Mais je vous en supplie, Monsieur Pospischil, surtout, surtout, ne ‹soufflez› pas!» Le trompette passe une soirée fort stimulante et une très bonne nuit. Le lendemain matin, il descend, chez le concierge et demande: «Alors, Monsieur Pospischil, ça c'est bien passé?» «A vrai dire, maître, il y a eu quelques ennuis.» «Au nom du ciel, Monsieur Pospischil, vous n'avez tout de même pas ‹soufflé›!» «Ça non – mais sur les huit trompettes, il y avait cinq concierges.»

Zweierlei Deutsche

Two Kinds of Germans · Les deux sortes d'Allemands

Wir kommen nach Deutschland und damit auf die letzten Seiten dieses Buches. Hier ist nicht die Stelle, darüber zu reden, was Deutschland für Europa und Europa für Deutschland bedeutet und bedeutet hat. Wir können es in einem Wort von Theodor Heuss zusammenfassen: „Deutschland braucht Europa, aber Europa braucht auch Deutschland. Wir wissen es im Geistigen: wir sind in der Hitlerzeit ärmer geworden, als uns die Macht des Staates von dem Leben der Völker absperrte. Aber wir wissen auch dies: die anderen würden ärmer werden ohne dies, was Deutschland bedeutet."

Hier ist auch nicht die Stelle, um über die deutsche Teilung zu räsonieren. Aber wir wollen auch nicht unterschlagen, daß es zwei deutsche Staaten gibt und daß uns die Deutschen jenseits der Elbe fremder zu werden beginnen als deutschsprechende Schweizer, Österreicher, Franzosen, Elsässer und Südtiroler. Von Chancengleichheit unter Deutschen ist keine Rede mehr. Daß wir Bundesrepublikaner uns unsere Wünsche weitgehend erfüllen können, eine stabile Währung haben, die Inflationsrate verhältnismäßig niedrig ist und unsere Wirtschaft von der Rezession weit weniger betroffen ist als die anderen Länder, daß sich unsere Repräsentanten in Politik, Literatur und Musik weltweiten Ansehens erfreuen, scheint mir wichtig, soll aber nicht in falschem Nationalbewußtsein überbewertet werden.

We finally reach Germany and at the same time the last pages of this book. This is not the place to discuss just what Germany means and has meant for Europe and Europe for Germany. We can sum it up in a few words by Theodor Heuss: "Germany needs Europe, but Europe also needs Germany. We know inside ourselves that we became poorer in the Hitler era as the power of the state barred us from sharing the lives of other peoples. But we also know this: The others would also become poorer without that which Germany stands for."

It is not the place to discuss the division of Germany. But we don't want to suppress the fact that there are two German states, and that the Germans across the Elbe are becoming more foreign than the German-speaking Swiss, Austrians, Frenchmen, Alsatians, and Southern Tyrolese. It is no longer a question of equal opportunity for all Germans. That the West German can fulfil his heart's desires to a great degree, has a stable currency, a relatively low rate of inflation, and an economy far less ravaged by recession than other countries, that his representatives in politics, literature, and music are respected worldwide, all this seems important to me, but should not, however, be overrated as false national pride. It seems to me to be far more important that the former mischief-maker of Europe is seeking to achieve a balance on all sides, has ended

Nous arrivons en Allemagne et, par là, aux dernières pages de ce livre. Il n'est pas question, ici, de parler de ce que l'Allemagne représente en Europe, ni de ce que l'Europe représente maintenant et a représenté, dans le passé, pour l'Allemagne. Une citation de Theodor Heuss nous servira de résumé: «L'Allemagne a besoin de l'Europe, mais l'Europe a aussi besoin de l'Allemagne. C'est une constatation intellectuelle: nous nous sommes appauvris à l'époque d'Hitler, lorsque la puissance de l'Etat nous a bannis de la vie des autres peuples. Mais une autre constatation se présente à l'esprit: les autres s'appauvriraient aussi, sans ce que l'Allemagne représente aujourd'hui.»

Nous n'avons pas, non plus, l'intention de raisonner ici sur la division de l'Allemagne. Mais, d'autre part, nous ne pouvons pas nier l'existence de deux Etats allemands, ni le fait que les Allemands de l'autre côté de l'Elbe sont en train de nous devenir plus étrangers que ces autres peuples qui parlent aussi l'allemand, comme les Suisses, les Autrichiens, les Français, les Alsaciens et les Tyroliens du Sud. On ne peut plus parler d'égalité de chances entre les Allemands. Que nous, les Républicains fédérés, puissions, dans une large mesure, satisfaire à nos envies, que nous ayons une monnaie stable, que le taux d'inflation soit relativement bas et que notre économie soit moins touchée par la récession que celles des autres pays, que nos représentants en po-

Weit wichtiger erscheint mir, daß der ehemalige europäische Störenfried Deutschland heute nach allen Seiten den Ausgleich sucht, den Kalten Krieg beendet und damit die Gefahr eines heißen Krieges in Europa gebannt hat; zu einem teuren Preis allerdings, aber für einen vermiedenen Krieg ist kein Preis zu hoch. Was mir aber als das Wichtigste erscheint: Noch nie in unserer Geschichte hat der Bürger dieses Landes so viel Freiheit genossen wie in den Jahren von 1948 bis heute. Und es gibt wenige Staaten auf der Welt, die es sich erlauben können, ihren Bürgern ebenso viel Freiheit zu gewähren. Die staatlich unabhängigen Medien Rundfunk, Fernsehen und die Presse sind lebenswichtige Kontrollorgane, die dafür sorgen, daß uns diese Freiheit erhalten bleibt. Wir können reisen, wohin wir wollen, lesen und hören, was wir wollen, auch die Meinungsfreiheit ist noch nicht wesentlich eingeschränkt. Journalisten sind nicht wie in anderen Staaten Jubelperser, Schriftsteller keine Darmparasiten der Regierenden. Im anderen deutschen Staat aber wird wie zu Hitlerzeiten im „Don Carlos" bei der Stelle: „Sire, geben Sie Gedankenfreiheit" immer noch applaudiert. Dort ist wieder der Einzelne für den Staat, nicht der Staat für den Bürger da. Dort kann man nicht reisen, wohin man will, nicht arbeiten, was man will, nicht reden, was man denkt, und nicht lesen, hören und sehen, was man möchte. Unsere

the Cold War thus banning the danger of a Hot War in Europe; at an expensive price certainly, but no price is high enough to pay for averting war. What appears to me to be most important of all is the fact that never in the history of the German peoples has the German citizen ever had so much freedom as in the years since 1948. And there are few states in the world who can allow their citizens as much freedom. The independent state media of radio, tv, and press are vital control organs which see to it that we keep this freedom. We can travel where we wish, read whatever and listen to whatever we want, even freedom of opinion has not been restricted in any serious way. Journalists do not, as in other states, sing the same tune, writers are not the government's intestinal parasites. In the other German state, however, as in Hitler's times, the phrase in "Don Carlos" "Sire, give them freedom of thought" is still applauded. Over there the individual is not for the state, and state is not for the citizen. You cannot go where you want to go, you cannot do the work you want to do, you cannot talk about what you are thinking, and you cannot read, listen and see what you want to. The Germans in the other German state have to pay for the lost war to a far greater degree than the West Germans by renouncing the things that make life worth living, accepting state tutelage, political control, and intellectual humiliation. Of

litique, en littérature et en musique jouissent d'une renommée internationale, tout cela me semble important, mais on ne doit pas surestimer ces phénomènes en se laissant aller à un faux amour-propre national. Ce qui me paraît plus important: L'Allemagne, cet ancien trouble-fête européen, recherche, aujourd'hui, un équilibre multilatéral; elle a terminé la guerre froide et ainsi elle a annihilé la menace d'une guerre chaude en Europe; à vrai dire, cela lui a coûté cher, mais, pour éviter une guerre, on ne doit reculer devant aucun sacrifice. Cependant ce qui revêt, pour moi, l'importance la plus grande, c'est le fait que le citoyen de ce pays n'a jamais eu autant de liberté que dans les années après 1948 jusqu'à nos jours. Et il y a peu d'états au monde qui peuvent se permettre de donner une si grande liberté à leurs citoyens. Les mass média comme la radio, la télévision et la presse qui sont indépendants de l'Etat, sont des organismes de contrôle importants qui veillent à ce que cette liberté nous soit conservée. Nous pouvons aller où nous voulons, nous pouvons lire et écouter ce que nous voulons et même la liberté d'opinion n'a pas encore été essentiellement limitée. Les journalistes ne sont pas des claqueurs comme dans d'autres pays, et les écrivains ne sont pas les parasites des gouvernants. Dans l'autre Etat allemand cependant, on applaudit encore, comme à l'époque d'Hitler à ce passage de « Don Carlos»: «Sire, donnez-nous la liberté de pensée!» C'est l'individu qui y est

Landsleute im anderen deutschen Staat müssen den verlorenen Krieg sehr viel teurer als wir mit Verzicht auf Dinge, die das Leben lebenswert machen, staatlicher Bevormundung, politischer Entmündigung und geistiger Demütigung bezahlen. Freilich wollen wir auch nicht übersehen, daß drüben manches besser ist als bei uns: Die private Gastfreundschaft ist ausgeprägter, die Sorge um den Nächsten allgemeiner, menschliche Anteilnahme weiter verbreitet als bei uns. Und es gibt, sei es zum Beispiel am Stechlin, sei es im Thüringer Wald, noch genug Landschaften, nach denen man Heimweh haben kann.

So wollen wir in diesem Buch die Landschaft im Westen nicht von der Landschaft im Osten trennen und die stupideste aller stupiden Grenzen mit ihren widerwärtigen Kontrollpunkten negieren, wo noch wie zu Zeiten der Inquisition eine öffentliche Buchzensur stattfindet.

Ich kann es mir hier ersparen, auf deutsche Landschaften zu sprechen zu kommen. Ich habe es ausführlich in dem Vorgänger dieses Buches „Vom Reiz der Landschaft – Romantik in Deutschland" getan. Hier sollen die Bilder für sich sprechen. Der Reiz der Jahreszeiten, vom Winter in den Vorfrühling, vom Frühling in den Sommer und den Herbst.

Die Vielfalt unbebauter und unversauter Natur vom Gebirge bis an die See soll uns entzücken. Die Vielfalt der Vegetation, vom urwüchsigen Moor bis zum kultivierten

course, one shouldn't overlook the fact that certain things are better there than in the west: Private hospitality is more pronounced, there is more care for relatives, human interest is wider spread. And there are enough landscapes, as for example Stechlin, Thüringer Forest, to awaken nostalgia.

And so we will not attempt to divide the landscape of the west from that of the east but rather deny the stupidest of all stupid borders with its repellent checkpoints, across which, as in the times of the Inquisition, public censorship of books takes place.

I don't have to talk about the German landscape here. I did that in the forerunner to this book. The pictures should speak for themselves. The attraction of the seasons, from winter to budding spring, from spring into summer and autumn. The many natural landscapes from mountains to lakes will delight us. The various types of vegetation, from the rough moor to the cultivated vineyard, should gladden us. As a typical example for all these landscapes only one will be described here, one particularly dear to me, the Black Forest. The name itself is incorrect. It is not a self-contained forest but a rhythmic ensemble of wood and meadow, of vineyard and water, as Hans Thoma once painted it, incredibly graceful, traced by impassable ways. Its dominating colour is not black, but green. It plays the most beautiful variations on the theme of green.

au service de l'Etat et non le contraire. On ne peut aller où l'on veut, on ne peut choisir le travail que l'on veut, on ne peut dire ce que l'on pense et on ne peut ni lire, ni écouter, ni regarder ce que l'on aimerait. Nos compatriotes de l'autre Etat allemand doivent payer la guerre perdue bien plus cher que nous: ils doivent renoncer aux choses qui rendent la vie digne d'être vécue et accepter la tutelle de l'Etat, le manque de liberté politique et l'humiliation intellectuelle. Bien sûr, nous ne voulons pas ignorer qu'il y a aussi, de l'autre côté, des facteurs meilleurs que chez nous: l'hospitalité est plus intense, le souci que l'on a de son prochain est plus généralisé et on s'intéresse, plus que chez nous, les uns aux autres. Et les exemples du «Stechlin» et de la Forêt de Thuringe prouvent qu'il y subsiste encore assez de paysages auxquels on peut penser avec nostalgie.

Ainsi, nous ne voulons pas, dans ce livre, séparer le paysage de l'Ouest de celui de l'Est, mais plutôt ignorer la plus stupide de toutes les frontières stupides avec ses points de contrôle ignobles, où les livres sont encore censurés ouvertement comme au temps de l'Inquisition.

Je peux, ici, m'économiser un commentaire sur les paysages allemands. J'en ai fait un, très complet, dans le livre précédent «Vom Reiz der Landschaft – Romantik in Deutschland». Les images doivent, ici, parler pour elles-mêmes. Le charme des saisons, de l'hiver

Weinberg soll uns erfreuen. Und stellvertretend soll nur eine Landschaft im Text
geschildert werden, die mir besonders am
Herzen liegt, nämlich der Schwarzwald.
Am Schwarzwald ist schon der Name falsch.
Er ist nämlich kein in sich geschlossener Wald,
sondern ein rhythmisches Ensemble von
Wald und Wiese, von Weinberg und Wasser,
wie ihn Hans Thoma gemalt hat, ungemein
graziös gegliedert von der Graphik unbefahrener Wege. Und seine dominierende
Farbe ist nicht etwa Schwarz, sondern Grün.
Er musiziert die schönsten Variationen zum
Thema Grün, die wir weit und breit finden.
Lindes Grün, mit dem sich die Lärchen im
Frühling beflaggen. Die vitriolfarbene Patina
der Flechten, die an alter Baumhaut
schmarotzen. Smaragdene Grasperücken, die
über Sandstein gestülpt sind. Farbtöne von
Oliv bis Türkis auf Wiesenhängen. Das
kräftige Blattgrün der Buchen im Sommerkleid. Flaschengrün der Tannen, Douglasien
und Kiefern. Goldgrün in den sonnenbefluteten Katarakten der Weinberge, die sich
im Herbst vergolden. Giftgrüne Raupen, die
sich auf Blättern buckeln und die wie verkleinerte Drachen aussehen. Grün als Augenweide, Grün, das einlädt, sich fallenzulassen
und im Gras zu baden.
Wenn Grün ruchbar wäre, dann röche es
frisch. Es signalisiert ungeschnaufte Luft. Das
altmodische Wort Sommerfrische, heute von
den blasseren Begriffen Ferien und Urlaub

Gentle green on the larch in spring. The
coloured patina of the lichen sponging
on old tree barks. Emerald-green grass wigs
draped over sandstone. Colour tones from
olive to turquoise on meadow slopes. The
strong leaf-green of the beech trees in summer
dress. Bottle-green of the pines, spruces,
and firs. Gold-green in the sun-flooded
cataracts of the vineyards, turning golden in
autumn. Poisonous-green caterpillars humping
on leaves and looking like tiny dragons.
Green to delight the eyes, green inviting you
to sink down and caress the grass.
If green could be smelt then it would smell
fresh. It epitomizes unbreathed air. The old-
fashioned notion of summer freshness, thrust
aside by the lesser but more modern words
of holiday and vacation, is just right for the
Black Forest.
Naturally it is not all green. Geraniums on
the darkened window sills of Black Forest
houses, whose comforting proportions do not
interrupt the landscape, as do settlements of
private houses, but rather underline it, dress
it up. Broad hip roofs over brown shingle
wood protect the inhabitant and his environment. In summer blue skies, sometimes pigeon
or slate grey clouds. Snow pillows in winter
effacing the cosy contours of hills and woods.
Blossom dabs of almond, apple, and cherry
trees in spring. Vines and broad-leaved trees
flame into red and gold in autumn, finally
fading into brown, changing their attire almost

aux prémices du printemps, du printemps à
l'été et à l'automne. Laissons-nous charmer
par la diversité d'une nature encore vierge,
qui s'étend de la montagne à la mer. Réjouissons-nous au spectacle varié de la végétation,
depuis les marais encore sauvages jusqu'à la
culture des vignobles. Et je ne décrirai, parmi
tant d'autres, qu'un paysage qui me tient particulièrement à cœur: la Forêt-Noire.
La Forêt-Noire porte mal son nom. Ce n'est
pas, en effet, une forêt étroitement fermée,
mais un ensemble rythmique de forêt et de
prairies, de vignobles et d'eau, comme l'a
peinte Hans Thoma, bien articulée par le dessin graphique des sentiers forestiers. Et la
couleur dominante choisie par le peintre n'est
certes pas le noir, mais le vert. Il compose les
plus belles variations de vert possibles. Le
vert pâle dont les mélèzes se drapent, au printemps. La patine vitriolée des lichens qui vivent en parasites sur la vieille peau des arbres.
Des perruques d'herbe couleur d'émeraude
coiffent les grès. Sur les pentes couvertes de
prairies, les couleurs prennent des teintes qui
vont de l'olive au vert turquoise. Le vert vif
des feuilles des hêtres, en robe d'été. Le vert
bouteille des épicéas, des sapins de Douglas
et des pins. Le vert mordoré des cataractes de
vignobles inondées de soleil, qui se parent
d'or, en automne. Des chenilles d'un vert acide font le gros dos sur les feuilles et ressemblent à des dragons miniatures. Un vert qui
est un plaisir des yeux, un vert qui invite à

verdrängt, ist wie auf den Schwarzwald zugeschnitten.

Natürlich bleibt es nicht beim Grundton Grün. Geranien auf den nachgedunkelten Fenstersimsen von Schwarzwaldhäusern, deren wohlige Proportionen nicht wie Eigenheimsiedlungen Landschaft verhindern, sondern sie unterstreichen, herausputzen. Breite Walmdächer über braunem Schindelholz behüten den Bewohner und seine Umwelt. Im Sommer blauer Himmel, zuweilen tauben- oder schiefergraue Wolken. Schneepfühl im Winter, der die wohligen Hügel- und Waldkonturen verwischt. Blütentupfen von Mandel-, Apfel- und Kirschbäumen im Frühling. Rebstöcke und Laubbäume im Herbst zu Gelb und Rot entflammt, ins Braun hinübertrauernd, wechseln fast täglich ihr Kleid. Das helle Violett des Heidekrauts, das dunkle von Tollkirsche und Brombeere.

Wenn ich das Wort Schwarzwald höre, dann sehe ich Heidelbeeren in weißer Milch, sehe Rehe über Waldwege springen, sehe die heilige Veronika in der Villinger Kanzelbalustrade zweifelnd dreingucken, ob sie das Schweißtuch in die Wäscherei oder in den Devotionalienhandel geben solle, sehe die Fasnetsmasken durchs Rottweiler Schwarze Tor drängen, sehe das Filigran des Freiburger Münsters. Wenn ich das Wort Schwarzwald höre, höre ich Bäche rauschen, Brunnen plätschern, das Klingen von Weingläsern, das

daily. The bright violet of the heather, the dark of the belladonna and blackberry.

When I hear the words Black Forest I conjure up pictures of blueberries in white milk, see deer jumping over woodland paths, see Saint Veronica in the Villingen pulpit balustrade uncertainly wondering whether to give her sudarium to the washing or to the religious articles trader. I see the carnival masks thrusting through the Rottweil Black Gate. I see the filigree of the Freiburg Cathedral. When I hear the words Black Forest I hear the brook gurgling, the wells tinkling, the clink of wine glasses, the click of the roulette balls in the Baden-Baden Casino, church bells, and the monotonous scraping of my skis in the snow. When I hear the words Black Forest I smell a meadow after a thunderstorm, a cream sauce and venison, the bouquet of a Rulaender wine from Kaiserstuhl, and crushed pine needles between my fingers. When I hear the words Black Forest then I taste spicy yellow boletus, elder blossom baked in omelette, mild smoked ham, and a mouth-watering trout. When I hear the words Black Forest then I feel the springy earth of the moor under my feet, my hands stroke ferns, a girl's arm on which the sun burns, thermal water titillates my skin. The Black Forest is a sensuous landscape, charmingly activating, creating a feeling of well-being, and taking off the daily robe of stress from its visitors with extremely tender feminine demeanour.

se laisser tomber et à se baigner dans l'herbe.

Si le vert était odorant, il sentirait le frais. Il signale la pureté de l'air. La notion un peu vieillie de villégiature, que l'on a remplacé aujourd'hui par les expressions plus plates de vacances et de congé, est comme faite pour la Forêt-Noire.

Naturellement, il y a d'autres teintes que le vert, la couleur de base. Des géraniums sur les bords des fenêtres noircis des maisons de la Forêt-Noire, dont les heureuses proportions ne gênent pas le paysage comme les cités-jardins, mais au contraire le soulignent et l'embellissent. De larges toits en croupe, posés sur des bardeaux en bois brun, protègent l'habitant et son environnement. En été, le ciel est bleu, parsemé quelques fois de nuages gris ardoise ou gris pigeon. En hiver, la neige fait comme des coussins qui effacent les contours harmonieux des collines et de la forêt. Au printemps, il y a les touches des fleurs d'amandier, de pommier et de cerisier. En automne, les ceps et les feuillages s'enflamment de couleurs jaunes et rouges, endeuillées de brun, et ils changent, presque quotidiennement, de robe. Le violet clair de la bruyère et le violet foncé de la belladone et de la mûre.

Quand j'entends le mot «Forêt-Noire», je vois des myrtilles dans du lait d'un blanc crémeux, je vois des chevreuils sauter à travers les sentiers forestiers, et je vois, derrière la ba-

Klicken der Roulettekugel im Baden-Badener
Kasino, Kirchenglocken und das eintönig
monotone Gleiten meiner Skier im Schnee.
Wenn ich das Wort Schwarzwald höre, rieche
ich eine Wiese nach dem Gewitterregen, eine
Rahmsoße zum Rehfilet, das Bukett eines
Ruländers vom Kaiserstuhl und zwischen den
Fingern zerriebene Tannennadeln. Wenn ich
das Wort Schwarzwald höre, dann schmecke
ich würzige Steinpilze, in Omeletteteig
gebackene Holunderblüten, mild geräucherten
Schinken und eine mundige Forelle. Wenn ich
das Wort Schwarzwald höre, dann spüre ich
federnden Moorboden unter meinen Füßen,
Farn meine Hände streicheln, einen Mädchen-
arm, auf den die Sonne brennt, Thermalwasser
meine Haut umbizzeln. Denn der Schwarzwald ist eine sinnliche Landschaft, die lieblich
aktiviert, Behagen schafft und mit weiblicher,
sehr zärtlicher Gebärde seinen Besuchern
das in Streß geschnürte Alltagsgewand vom
Leib streift.

lustrade de la chaire de Villingen, Sainte-Vé-
ronique, irrésolue, qui se demande si elle va
donner le suaire à une laverie où l'abandonner au commerce des reliques. Je vois les masques de mardi gras se presser à travers la Por-
te-Noire de Rottweil, je vois le filigrane de la
cathédrale de Fribourg. Quand j'entends le mot
«Forêt-Noire», j'entends le bruissement des
ruisseaux, le clapotis des fontaines, le tinte-
ment des verres qui s'entrechoquent, le clique-
tis de la bille de la roulette, au casino de Baden-Baden, le son des cloches d'églises et le
glissement uniformément monotone de mes
skis sur la neige. Quand j'entends le mot
«Forêt-Noire», je perçois l'odeur d'une prairie
après une pluie d'orage, d'une sauce à la
crème qui accompagne un filet de chevreuil,
je sens le bouquet d'un ruländer du Kaiserstuhl et les aiguilles de pin que j'écrase
entre mes doigts. Quand j'entends le mot
«Forêt-Noire», je goûte des cèpes parfumés,
des fleurs de sureau cuites à l'œuf, un jambon
délicatement fumé et une truite délicieuse.
Quand j'entends le mot «Forêt-Noire», je
sens un sol moussu et élastique sous mes pas,
la caresse de la fougère sur mes mains, un
bras de jeune fille brûlant de soleil et le
chatouillement de l'eau thermale sur ma peau.
Car la Forêt-Noire est un paysage sensuel
qui ranime gentiment, remplit de bienêtre et
enlève à ses visiteurs, d'un geste féminin plein
de douceur, leurs habits de tous les jours,
ficelés par le stress.

Heimat Europa

Homeland Europe · La patrie Europe

„Laßt uns ein Europa schaffen, das sowohl sokratisch wie christlich ist, gleichzeitig voll Zweifel und Glauben, voll Freiheit und Ordnung, voll Vielfalt und Einheit – ein Europa, in dem der Staat vor allem unter der beständigen Wachsamkeit der öffentlichen Meinung gezwungen ist, das Individuum zu achten." Wie wenig beherzigt wurden diese Worte in all den Jahren, vor denen sie Salvador de Madariaga aussprach. Und wie aktuell sind sie geblieben.

Mit seiner Demonstration heiler Landschaften in Europa trägt dieses Buch dazu bei, diese Forderung zu bekräftigen, die Heimat Europa zu retten, bevor es zu spät ist. Denn Mutter Europa ist doppelt bedroht: von der Uneinigkeit ihrer Söhne und von deren Gleichgültigkeit gegenüber der Landschaft.

Wenn wir hier heile Landschaft zeigen, so verschweigen wir im Text nicht, wie heillos dieses Europa war und ist. Selbst den Einfällen der Perser, Karthager, Hunnen, Mauren und Türken ausgesetzt, fiel es gegen die Welt aus, verstand es, Krieg, Geschäft, Expansion und Ideologie zu verbinden. Die menschliche Schwäche des Bemäntelns war schon immer eine Stärke der Europäer, ob sie nun im Mantel der Kreuzritter oder in der proletarischen Tarnkappe der Russischen Revolution auftraten. Die gefeierten Entdecker waren Werkzeuge und Handlanger der Goldräuber, Ausbeuter und Sklavenhändler. Die Kreuzzüge waren ein Vorwand, fremde

"Let us create a Europe that is both Socratic and Christian, both full of doubt and faith, full of freedom and order, full of variety and unity – a Europe in which the state is forced above all to respect the individual under the permanent vigilance of public opinion." How little these words were taken to heart in all those years before Salvador de Madariaga spoke them. And how apt they still are.

With its demonstration of unspoiled landscapes this book helps to underline this demand – save homeland Europe before it is too late. For Mother Europe is threatened in two ways: by the disunity of her sons and by their disinterest in the landscape.

Whereas we have shown unspoiled landscapes we have certainly not suppressed in our text just how spoiled this Europe was and is. Even while it was open to the attacks of the Persians, Carthaginians, Huns, Moors, and Turks, it set out against the world and managed to combine war, business, expansion, and ideology. The human weakness of palliating was always one of the strengths of the European, whether he was riding in the cloak of the crusader or in the magic proletarian hood of the Russian revolution. The popular explorers were the tools and handymen of the gold robbers, exploiters, slave traders. The Crusades were just an excuse to conquer foreign fortresses, foreign land, foreign women, and foreign wines. Behind the

«Créons une Europe qui soit aussi socratique que chrétienne, tout aussi pleine de doute que de foi, d'ordre que de liberté, à la fois une et diverse – une Europe surtout, où l'Etat, grâce à la vigilance constante de l'opinion publique, soit obligé de respecter l'individu.» On s'est fort peu soucié, pendant ces dernières années, de ces paroles prononcées, alors, par Salvador de Madariaga. Pourtant leur actualité est grande.

En présentant une série de paysages européens intacts, ce livre appuie cette révendication: il faut sauver l'Europe avant qu'il ne soit trop tard. Car la mère Europe est doublement menacée: par la mésentente entre ses fils et par leur indifférence à l'égard du paysage.

Si nous montrons, ici, un paysage intact, nous ne cachons nullement combien déplorable l'état de l'Europe a été et combien il l'est encore. Alors même qu'elle était envahie par les Perses, les Carthaginois, les Huns, les Maures et les Turcs, elle s'échappait du siège pour assaillir le monde et elle s'entendit à mettre sous un dénominateur commun la guerre, les affaires, l'expansion et l'idéologie. Cette faiblesse humaine qu'est la cachotterie a toujours été la force des Européens, qu'ils se soient couverts du manteau des Croisés ou qu'ils aient revêtu le heaume magique prolétaire de la Révolution russe. Les hommes partis à la découverte du Nouveau Monde, auxquels on faisait fête, étaient les instruments et

Burgen, fremdes Land, fremde Frauen und fremde Reben zu erbeuten. Hinter der Reformation verbargen sich nackte wirtschaftliche Interessen, wobei sich Fürsten und Bischöfe, zuweilen in Personalunion, in die Beute teilten. Die Gegenreformation war eine Tarnung für den Kampf zwischen Spanien und England um wirtschaftliche Monopole. Die technische Revolution, die die Welt und die Landschaft verändert hat, ging von Europa aus. Und Deutschland erwies sich schon immer als grandioser Exporteur von Revolutionen.

Wenn wir uns jetzt als Weltbürger auf die Heimat Europa besinnen, so ist das eine Abkehr vom stupiden Nationalismus, der nichts als Unglück über die Welt gebracht hat. Auch die heute überall zu beobachtende Besinnung auf den Stamm, auf die Mundart hat die gleiche Wurzel. Das unzerstückelte Europa ist ein natürliches Gebilde, wie der Stamm die natürliche Gemeinschaft von Menschen ist, die aus derselben Landschaft und demselben Kulturkreis kommen. Die Einigkeit der Europäer ist die Voraussetzung für die Erhaltung der Heimat, der Landschaft, die nichts anderes ist als Harmonie von Natur und Kultur, gemeinsames Produkt von Schöpfer und Mensch. Wir dürfen den Heimatbegriff nicht den Brauchtumsideologen, den Heimat- und Volkstümlern überlassen. Heimat ist – und hier zitiere ich noch einmal Willy Leygraf –: „Raum für Wohnung, Haus

Reformation were blatant economic interests, whereby princes and bishops, at times hand-in-hnad, shared the booty. The counter-reformation was camouflage for the battle between Spain and England for economic monopoly. The Industrial Revolution which changed the world started in Europe. And Germany has always shown itself as a grand exporter of revolutions.

When we, as world citizens, ponder over our homeland Europe, then it is because we reject stupid nationalism which brought nothing but bad luck for the world. Even the present day search for lineage and the return to dialects have the same roots. Europe as a whole is a natural creation, as is the tree of life of the natural community of mankind coming as it does from the same landscape and the same cultural sphere. The unity of the Europeans is the prerequisite for the maintenance of the homeland – the landscape, which is nothing more than harmony of nature and civilisation, common product of Creator and man. We should not leave the homeland concept to the ideologists and the folklorists. Homeland is – and here I quote again Willy Leygraf: "Space for home, house and parked car, for children playing, for an evening stroll. Air one can breathe without fear. Water that is not just there to drink in an emergency, but is the real element, fresh, clean and drinkable. And last but not least the landscape in which every-

les hommes de main des pilleurs d'or, des exploiteurs et des marchands d'esclaves. Les croisades servaient de prétexte pour piller les châteaux, les pays, les femmes et les vignes étrangers. De purs intérêts économiques se cachaient derrière la Réforme, quand les princes et les évêques se partageaient le butin, en formant souvent des unions personnelles. La Contre-Réforme servit de camouflage au combat entre l'Espagne et l'Angleterre qui se disputaient le monopole économique. La révolution technique qui a changé le monde et le paysage est partie d'Europe. Et l'Allemagne a toujours été un extraordinaire exportateur de révolutions.

Si nous, les citoyens du monde, nous réfléchissons à l'idée de la mère Europe, nous nous détournons ainsi de ce nationalisme stupide, qui n'a fait que répandre le malheur sur le monde. Et le retour qui s'opère comme on peut, actuellement, le constater partout, vers la tribu et vers le dialecte, a les mêmes origines. L'Europe non-morcelée est un corps naturel, comme la tribu est une communauté naturelle d'êtres humains qui appartiennent au même paysage et à la même civilisation. L'union des Européens est la condition pour conserver la patrie et le paysage qui n'est rien d'autre que l'harmonie entre la nature et la civilisation, le produit réalisé en commun par le Créateur et par l'Homme. Nous ne devons pas abandonner la notion de patrie aux idéologues du folklore et aux divers mouvements

und parkendes Auto, für spielende Kinder, für den Spaziergang am Feierabend. Luft, die man ohne Ängste atmen kann. Wasser, das nicht nur zur Not trinkbar ist, sondern tatsächlich Element, frisch, sauber und trinkbar. Nicht zuletzt auch Landschaft, in der alles vorkommt, aus der alles zur Verfügung steht für alle – Landschaft auch als weiterer Raum zu Erholung und Erquickung."

Wer diese in diesem Buch an vielen Beispielen gezeigte Landschaft bewahren will, der darf Gewesenem nicht nachweinen. Er darf sich nicht darauf beschränken, sich an Heilem nostalgisch zu ergötzen und individuelle Klageweisen anzustimmen. Er muß willens sein, sich mit den Gutwilligen zu solidarisieren, sich als Mitglied einer Gesellschaft zu betrachten, der keine Wahl bleibt: Um Werte zu bewahren, muß sie Strukturen ändern und damit den Gefahren begegnen, die Mensch und Landschaft bedrohen.

Auch darauf hinzuweisen, ist der Sinn dieses genüßlichen Bilderbuches.

thing is there – in which everything is available for everyone – landscape providing rest and refreshment."

Whoever wishes to help to maintain the landscapes shown in the many examples in this book should not shed tears for what used to be. He must not confine himself to nostalgic pleasure and to intoning individual dirges. He must be prepared to declare his solidarity with those wanting to do something about it and to regard himself as a member of a society that has no choice: To keep things of value one must change the structures and thus meet the dangers which threaten man and landscape.

And to point this out is the main idea of this picture book.

pour la défense des coutumes et langues régionales. La patrie c'est – et je cite encore, ici, Willy Leygraf: «Un espace où l'on habite, où l'on stationne sa voiture, où les enfants jouent, et où l'on se promène, le soir, après le travail. C'est un air que l'on peut respirer sans crainte. Une eau qui n'est pas seulement un piètre breuvage, mais un vrai élément, frais, propre et potable. Et c'est aussi un paysage, où tout existe, où tout est à la disposition de tous – le paysage est aussi un espace qui sert au repos et à la récréation.»

Il ne doit pas s'épancher sur le passé, celui qui veut conserver le paysage dont ce livre présente beaucoup d'exemples. Il ne doit pas se contenter d'admirer avec nostalgie ce qui est intact et d'entonner un chant de plaintes personnelles. Il lui faut avoir le désir de se solidariser avec les hommes de bonne volonté, de se considérer comme membre d'une société qui n'a plus le choix: pour conserver des valeurs, elle doit changer des structures et éviter, ainsi, les dangers qui menacent l'Homme et le Paysage. C'est ce, sur quoi cet album se propose d'attirer l'attention.

Bildquellen

Bavaria/Bahnmüller   S. 137
Bavaria/Bohnacker   S. 50
Kinkelin/Burkhardt   S. 138
Kinkelin/R. Dols   S. 22/23, 98/99, 102, 162
Kinkelin/Krammisch   S. 41, 42, 43, 51, 54, 64, 65, 66,
   67, 68, 187
Kinkelin/R. Löbl   S. 186
Kinkelin/Müller-Brunke   S. 92/93
Kinkelin/Pfenniger   S. 177
Kinkelin/T. Schneiders   S. 74, 76, 86, 111, 136, 151,
   154, 155
Kinkelin/F. Wirz   S. 116, 176
Kinkelin/Otto Ziegler   S. 183, 189, 190/191, 192
Franz Lazi   S. 44, 73, 75, 78, 80, 81, 84, 100/101,
   172/173, 178
R. Löbl   S. 139
Müller-Brunke   S. 21, 24/25, 27, 28, 79, 94, 114/115,
   125, 126/127, 128, 130, 135, 140, 146/147, 148/149,
   150, 157, 160/161
C.L. Schmitt   S. 26, 47, 48, 82, 83, 85, 184/185
Toni Schneiders   S. 45, 49, 77, 91, 112, 145, 171
ZEFA/R. Everts   S. 113, 152/153, 158/159
ZEFA/W. Koelle   S. 188
ZEFA/Pictor   S. 129
ZEFA/M. Schäfer   S. 156
ZEFA/T. Schneiders   S. 46, 95
ZEFA/K. Scholz   S. 63
Otto Ziegler   S. 52/53, 96/97, 174/175, 179, 182
Otto Ziegler/Bergner   S. 180/181

Inhalt

Contents

Index